JN075142

学級経営がうまくいく
ファシリテーション

阿部隆幸・ちょんせいこ **編著**

Ｇ学事出版

はじめに
··············

　教育大学に在籍している仕事柄、数多くの教室を訪問します。

　それらをおおざっぱに分類すると、教師が考えた100点満点を目指し、これこれが不足しているというように減点主義で経営されている学級（指導の学級）と、今の子どもたちの状態を受け入れ、できたことを認めてやりたいことを応援する加点主義で経営されている学級（学びの学級）の２つがあると感じます。

　「アクティブ・ラーニング」「主体的・対話的で深い学び」「個別最適な学びと協働的な学び」と、新しい用語や考え方が毎年のように提起されます。近年のこれらすべての下支えになっている言葉が「学び」です。学習者主体の考え方に依って立って初めて成立することを意味します。「教え」や「指導」ではなく「学び」であることが重要です。

　これを教師の視点から整理してみます。

　「教え」や「指導」という視点で考える場合、「指導」や「伝達」の力が教師に求められます。知っている者が知らない者へ効率的、効果的に知識や技術を身につけさせる力です。これは、従来の教師に求められてきたものであり、従来の教員養成が力を入れて育ててきた部分です。

　しかし、今後は「学び」という視点で考える必要があります。指導や伝達ではなく「促すこと」や「寄り添うこと」「共に歩むこと」等の力が主に教師に求められます。これが、ファシリテーションにつながります。

　従来の教師観からの大きな価値転換が求められます。従来の教員養成では触れられてこなかったために、かつ、現在多くの教員が自ら意識して研修を積まない限り身につけられない力です。

　令和３年１月26日に出された中央審議会答申（「「令和の日本型学校教育」の構築を目指して～すべての子供たちの可能性を引き出す、個別最適な学びと、協働的な学びの実現～」）で「教師に求められる資質・能力」の１つに「ファシリテーション能力」が明記されました。教員養成機関で触れられてこ

なかったファシリテーション能力を教師は早急に身につける必要があります。

　少しずつ、教員研修の案内や学習指導案の記述などにファシリテーションが使われ始めています。しかし、内実は単なる司会進行の置き換えだったり、グループワークの責任者の位置づけだったりとファシリテーションの本質からはかけ離れているものを多く目にします。

　でもそれは当たり前です。ファシリテーション技術はビジネスや地域コミュニティの課題解決やプロジェクト活動推進のために少しずつ使われるようになってきてはいるものの、学校教育の中で意識して使われることは今までは稀であり、具体化、体系化されてこなかったからです。

　そこで、長い年月、数多くの学校や学級に入り、授業力向上や困難の対応を経験してきた共編著者のちょんせいこさんが提唱する6つのファシリテーション技術を、学校生活の基盤となる学級経営に取り入れて日常的に展開してみる提案を私たちは試みました。ちょんさんが提唱する6つのファシリテーション技術は、もともと公立小学校教員時代の岩瀬直樹（現軽井沢風越学園校長）さんと共にエンパワメントなコミュニティ空間づくりを目指す中で整理したものです。まさしく、現場で確認しながらまとめられた「現場で使えるファシリテーション技術」です。

　本書の6人の執筆者（実践者）は、日常的にファシリテーション技術を使いこなせるように日々習熟を重ねてきた教員です。本来、ファシリテーションは複合的なもので、1つのファシリテーション技術をきれいに1つだけを切り出すことは難しいことですが、あえてイメージしてもらいやすいように6つの技術の1つひとつに焦点を当てて、エピソードを中心に具体的に説明しています。

　ぜひ、自分の置かれた状況と照らし合わせながら、ファシリテーションにチャレンジしていってほしいと思います。

2023年5月　　阿部隆幸

学級経営がうまくいくファシリテーション

もくじ

はじめに　　3

第1章　学級経営とファシリテーション……………………9

1. 学級経営とファシリテーションの関係……………………………10
　❖ 今までの学級、これからの学級
　❖ ファシリテーションとは何か
　❖ ファシリテーションと学級経営
　❖ 「学び」「気づき」の相互作用を促すファシリテーション
　❖ 学校・学級づくりの三領域とファシリテーション
　　　　　　　　　　　　　　　　　　　　　　　　（阿部隆幸）

2. 学級経営とファシリテーション6つの技術……………………22
　❖ 多様性・多分野・多世代の良さを活かすファシリテーション
　❖ 学級活動におけるファシリテーション
　❖ 意識して練習しよう！ファシリテーション6つの技術
　❖ 「全員じゃんけん　ファシリテーター物語」
　　　　　　　　　　　　　　　　　　　　　　　（ちょんせいこ）

3. 対談　阿部隆幸×ちょんせいこ
　これからの学級経営になぜ
　ファシリテーションが必要なのか………………………………44
　❖ コミュニティとしての学級経営
　❖ 個別最適な学び・協働的な学びには良質なコミュニケーションが必要
　❖ 新たな学びのスタイルのためにアンラーンする
　❖ ファシリテーションの4つのスキルと6つの技術
　❖ 6つのファシリテーション技術の位置づけ
　❖ これからの学級経営のために

　　column　ホワイトボード・ミーティング®とは……………………57

第2章 実践！ファシリテーション 6つの技術を活かした学級経営

実践！ファシリテーション
6つの技術を活かした学級経営……………59

インストラクション　学級開き、みんなで思いを言葉にしよう…………60
クエスチョン　関わりで楽しむ自己紹介………………………62
アセスメント　読み聞かせ中、落ち着かない子のアセスメント‥64
グラフィック&ソニフィケーション　子どもたちの「今」を伝えるには？……66
フォーメーション　トラブル解決は輪になって話そう…………………68
プログラムデザイン　学級目標までのロードマップ…………………70

（前田考司）

dialogue　「学級開き」とファシリテーション技術　72

インストラクション　初めての学校探検、指示をきちんと届けたい……74
クエスチョン　落ち着かない学級をまとめたい………………76
アセスメント　アサガオの観察中、チョウが気になる子………78
グラフィック&ソニフィケーション　子どもと先生でつくる黒板メッセージ‥80
フォーメーション　夏休みの思い出をさまざまな隊形で
　　　　　　　　　楽しく語り合おう…………………………82
プログラムデザイン　1年間の自分の頑張りや成長を捉える……………84

（甫仮直樹）

dialogue　「小学1年生」とファシリテーション技術　86

インストラクション　高学年として低学年と関わる価値を伝えたい……88
クエスチョン　オープンクエスチョンとあいづちで
　　　　　　　　振り返りを深める………………………………90
アセスメント　言葉が強くなったり、けんかが出始めたとき……92
グラフィック&ソニフィケーション　学級会の話合い活動を活発にしたい……94
フォーメーション　マッピングで読書パートナーを決めよう………96
プログラムデザイン　自主学習の質をあげたい………………………98

（池谷裕次）

| dialogue | 「5年生の日常」とファシリテーション技術 | 100 |

インストラクション 2学期後半、大きな行事の後にかける言葉·········102

クエスチョン 明るく楽しいエピソードが出てくる問いで
聞き合う··104

アセスメント 休み時間、突然暴れ出した子·····················106

グラフィック&ソニフィケーション 係仕事を忘れてしまう子への可視化······108

フォーメーション 机の高さを揃えることが大前提··················110

プログラムデザイン 総合的な学習の時間　学びのデザイン·············112

（久保田比路美）

| dialogue | 「コミュニティとしての機能が低くなっている教室」とファシリテーション技術 | 114 |

インストラクション 2学期、ダレてきた子どもたちにかける言葉······116

クエスチョン クラス対抗長縄大会、子どもたちが
自ら選択・決定する·······························118

アセスメント 「やりたくない」と言う子どもの背景··············120

グラフィック&ソニフィケーション 席替え、「ハートカード」で
可視化・可聴化·································122

フォーメーション 1学期の振り返りをさまざまな隊形で行う·········124

プログラムデザイン To Do リストで可視化し、プロセスをつくる···126

（秋吉健司）

| dialogue | 「プロセスをつくる」とファシリテーション技術 | 128 |

インストラクション たてわり活動、後輩へ緩やかに
バトンを渡したい·······························130

クエスチョン 発散、収束、活用のプロセスで聞く·················132

アセスメント なかなかみんなと一緒に活動できない子···········134

グラフィック&ソニフィケーション ホワイトボード・ミーティング®
役割分担会議で参加度を上げる···········136

フォーメーション　短時間でさまざまなペアを経験し、
　　　　　　　　グループ活動へつなげる……………………………138
プログラムデザイン　主体的なたてわり活動に向けて………………………140

(藤井雅美)

dialogue　「異年齢交流」とファシリテーション技術　　　142

第3章

座談会
ファシリテーション技術を
学級経営に活かしていくということ……………145

ファシリテーションを学んで変化した学級経営観
ファシリテーションの中心はアセスメント
強みを見るということ
ファシリテーションがもたらす「子どもたちの変容」
先生から子どもたちへファシリテーションは転移するのか
座談会を過ごしてみて

おわりに　157

第1章

学級経営と
ファシリテーション

学級経営と
ファシリテーションの関係

❖ 今までの学級、これからの学級

　下のイラスト（図1）をご覧ください。

　皆さんの普段の学級の様子はどちらですか？

　もしかしたら、「左」という方がおられるかもしれません。しかし、多くの皆さんは、そして特に本書を手に取られた方々は、「今は左だけど、いつかは右のような感じにしてみたい」、「右のような感じを目指そうとしているけど、具体的にどのように子どもたちと接していけば右のようになるのかわからなくて困っている」という方が多いと思います。

　もちろん、すでに日常的に右のような状態で過ごしていて、もっとよりよい考え方や方法はないものかと考えて、本書を手に取られた方もいらっしゃるかなと思います。

　左図と右図を文章で説明しますと、左図は従来の学校教育でよく見ら

図1　授業スタイル例

れた「一斉指導型の授業」の姿であり、右図は今求められている「子供たちの主体的な学び」の姿となります。そして、「子供たちの主体的な学び」のキーワードが「個別最適な学び」と「協働的な学び」*1であることは多くの皆さんがご存知のことでしょう。

　この2つは子どもたちの学びの姿が大きく異なります。その学びの姿に大きく与える影響の1つに、教師の立ち位置があると言えるでしょう。例えば、石川ら（2015）*2は、教師を「従来型の教師」と「ファシリテーション型の教師」に分けて特徴を比較しています（図2）。先ほどの図と重ねれば、左は「従来型の教師」が経営する学級、右は「ファシリテーション型の教師」が経営する学級です。

	従来型の教師	ファシリテーション型の教師
求められる教育形態	トップダウンの教育、ピラミッド型	ボトムアップの教育ネットワーク型
学習内容と過程	知識や情報を与え、内容量をより充実させていく	予定していた内容とそれをきっかけとして気づく想定外の内容とがある
実践者の発言量	予定した学習内容を伝え教えることが重視されるため、発言量が多くなる	学習者同士で学びあう過程において引き出されるものもあるので、発言量は少なくなる
立ち位置	意見をコントロールすることで結論へ結びつける	学習者なりの結論にいたる案内をする
集団への介入	自分の力で場を盛り上げる	集団の力で場を盛り上げる
雰囲気づくり	結論ありきの空気が醸し出されるため、（反対）意見が言い出しづらくなる	全員の意見が尊重されるため、何を言ってもいい、安心安全な場が保障される
リーダーシップ	集団を先導するような力強さ	集団を活かすしなやかさ
参加感	発言できなかった学習者への対応が不十分になりがちで、疎外感を覚える	何かしら場に貢献できる存在として捉えられるため、「いてもいい」という安心感を覚える

図2　従来型の教師とファシリテーション型の教師との比較（石川、小貫2015より筆者作成）

　つまり、なかなか右図のような子どもたちの姿になっていかない場合、教師である自分自身に「従来型の教師」像が強く、「ファシリテーション型の教師」になれていないからかもしれないと自己確認してみてはいかがでしょうか。

　これは、私が自分の主義主張に都合よく合わせて語っていることではありません。中央教育審議会では、令和3年1月26日に「「令和の日本型学校教育」の構築を目指して〜すべての子供たちの可能性を引き出す、

個別最適な学びと、協働的な学びの実現〜（答申）」を取りまとめました。本文の「9．Society5.0時代における教師及び教職員組織の在り方について」の「（1）基本的な考え方」では以下のように明記しています。

○　教師に求められる資質・能力は、これまでの答申等（中央教育審議会答申「これからの学校教育を担う教員の資質能力の向上について」（平成27（2015）年12月21日）等）においても繰り返し提言されてきたところであり、例えば、使命感や責任感、教育的愛情、教科や教職に関する専門的知識、実践的指導力、総合的人間力、コミュニケーション能力、ファシリテーション能力などが挙げられている。

　これが学校教育に向けた文部科学省の文書の中に初めて「ファシリテーション」という言葉が使われた瞬間です。

　日本では、2000年当初からビジネス領域を中心に「ファシリテーション」もしくは「ファシリテーター」（ファシリテーションを進める人）という呼称が広がり、書籍も数多く出版されるようになりました。もちろん、この頃からファシリテーションの考え方を活かそうと、積極的に学校教育に取り入れてきた先人たちはいましたが、大きな波、そして、日常へとつなぐことは今までは困難でした。しかし、これからは違います。教師にファシリテーション能力が公に求められる時代になったのです。

❖ ファシリテーションとは何か

　改めて、「ファシリテーション」の言葉の意味を考えてみましょう。辞書的には「facilitate」という動詞を名詞にしたものです。「facilitate」は和訳すると「易しくする、容易にする、促進する」というような意味になります。

　この名詞を出発点として、各実践者、各識者によってずいぶんと異な

る考え方が広がっています。どんな人がどのようなことを言っているのかは、工藤（2021）[*3]がまとめていますので、興味のある方は目を通してみてください。

　本書では、ファシリテーションが2000年代初頭に日本で出始め、主にビジネス界で流行語のように扱われていた頃から、今ではファシリテーションの考え方や機能が社会の中に浸透してきたという解釈のもと、ファシリテーションの定義を再構成している井上（2021）[*4]の言葉を紹介しておきます。

　　人びとが集まって、やり取りをしながら共同で何かを行うときに、コミュニケーションの場を保持し、そのプロセスに働きかける<u>取り組み・仕組み・仕掛け</u>（下線ママ）

　また、工藤（2010）[*5]は「教育分野におけるファシリテーションの定義」を以下のように述べています。

　「知的・情緒的相互作用を支援・促進する働き」

　なるほど、学校教育に長く関わってきた私自身、簡潔でわかりやすく納得できる定義だなと思います。

　井上（2021）や工藤（2010）からわかる通り、ファシリテーションを考える上で大切なことはコミュニケーション（相互作用）です。井上（2021）は、哲学者國分功一郎の次の言葉を紹介し、コミュニケーションとファシリテーションの関係について考察しています。

　　おそらく最初に認めなければならない事実とは、対話や議論は自然に生まれたりはしないということである。（略）近代は何につけても「自由な主体」というものを想定する。だから自由な主体が集まって自由に議論すれば、それなりによい結果が生まれると考えて

しまう。（略）それに対しファシリテーターは「自由な主体」を前提にしない。むしろ皆が議論において不自由であるという前提に立ち、議論を容易にし、促進するための様式を用意し、場を企画・運営していく[*6]。

　その後、この文章を継いで井上（2021）は、対話と議論とファシリテーションの関係を「よい結果を生むためには、自由放任ではなく、議論の場をデザインし、プロセスに働きかける必要がある」と説明します。

　今まで子どもたちを意のままにコントロールし、指示命令を中心に授業運営や学級経営をしてきた教師が、もし、このままではいけないと思い、民主的な教師になろう、対話的な教師になろう、子ども中心の授業運営や学級経営を進めようとしたとします。そこで、自分（教師）と子ども、または、子どもたち同士のコミュニケーションを無条件に開放したとします。しかし、それは混乱を招くだけで、良い結果が生まれないということです。私たちは**「コミュニケーション（対話や議論）は自然に生まれたりはしない」**ということを知っておかなければなりません。

　私が調べたところ、日本の学校教育で初めて「ファシリテーター」という名称を用いて授業づくりや学級づくりに役立つように具体的に書かれた本が『学校が元気になるファシリテーター入門講座－15日で学ぶスキルとマインド－』(2009)[*7]です。

　その後、この本の著者であるちょんさんは、岩瀬直樹（現軽井沢風越学園校長）さんと共に実際に学校現場でファシリテーションを用いた学級づくり、授業づくりを行っていきます。さらに両者は、「ファシリテーション」という名を冠した『よくわかる学級ファシリテーション①かかわりスキル編』[*8]と『よくわかる学級ファシリテーション③授業編』[*9]の出版を通して、本書の核となる「心の体力」を温めるエンパワメントなクラスを目指し良好なコミュニケーション関係を育むための「ファシリテーション6つの技術」を提案します。なお、岩瀬・ちょん（2011、2013）の特徴は、教師だけでなく、子どもたちもファシリテーターとし

て育てようとしているところです。

　この「ファシリテーション６つの技術」を学級経営を行う先生方に具体的にイメージしてもらって、よりよい学級経営の一助にしてもらいたいというのが本書の目的です。

　「ファシリテーション６つの技術」については、次節で詳しく説明しますが、以下となります。

---

1. インストラクション（指示・説明）
2. クエスチョン（質問・問いだて）
3. アセスメント（評価・分析・翻訳）
4. グラフィック＆ソニフィケーション（可視化・可聴化）
5. フォーメーション（隊形）
6. プログラムデザイン（設計）

❖ ファシリテーションと学級経営

　白松（2017）[*10]は学級経営の範囲を以下（図3）のように図示し、学級経営は、「学級における担任のすべての仕事に関わる用語だから」と述べます。

　文部科学省では「学級経営」の定義や規定を明確にしていません。小学校学習指導要領解説の中で最も「学級経営」という言葉を用いている特別活動編には「学級経営の内容」「学級経営とは」「学級経営には重要」という言葉が登場します。それらを整理すると、文部科学省が学級経営に期待していることは以下であることがなんとなくわかります。

・学級集団としての質の高まりを目指す
・教師と児童、児童相互のよりよい人間関係を構築する
・学級で教育活動をうまく行うために必要な学級の整備
・生活の充実や向上、人間関係について考えること

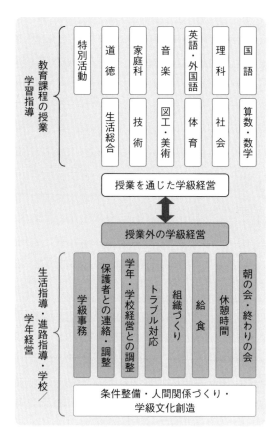

図3　学級経営の範囲
（白松（2017）をもとに筆者作成）

　前述した「ファシリテーション」の意味や、社会に浸透しつつある
ファシリテーションの技術や考え方を重ねてみればわかる通り、これら
４つの内容は、教師が上からの強制的な指示や指導でできるものではあ
りません。もちろん、放っておいて実現するものでもありません。教師
からのファシリテーション、子どもたち同士のファシリテーションが
あって初めて成り立つものだと納得してもらえることでしょう。つまり、
「やらされる」のではなく、自分たちで「学び」「気づき」、自分事とし
て行動（知的・情緒的相互作用）して初めて成り立つのです。

❖❖ 「学び」「気づき」の相互作用を促すファシリテーション

放っておいては成り立たない「学び」「気づき」の相互作用を促すのがファシリテーションと言えるでしょう。

いかにして子どもたちは「学び」「気づく」のでしょう。ファシリテーションと絡めて2つの視点を紹介します。

第1にフィードバックと自己開示の広がりという視点です。「ジョハリの窓」を用いるとわかりやすいです。ジョハリの窓とは、1955年にサンフランシスコ州立大学の心理学者ジョセフ・ルフトとハリー・インガムが発表した「対人関係における気づきのグラフモデル」を指します。後に2人の名前を組み合わせて「ジョハリの窓」と呼ばれることになりました。ジョハリの窓は、自分の特性や自分に対する理解を4つの領域（窓）に分類します。石川（2015）*11)はこれを「参加型学習の基本としてのジョハリの窓」という形で説明しています（図4参照）。

私は、これを「参加型学習」だけにとどめず、授業運営や学級経営を含めて、子どもたちが「学び」「気づく」場面すべてにおいて照らし合わせてよいのではないかと考えます。学校生活は「やらされる」のではなく「自ら営む」ものであり、学校教育活動全般にファシリテーションを取り入れることで実現可能だと考えるからです（まだまだ、そうなっていないところが多いかもしれませんが、そうなってほしいという希望や期待を込めて書きます）。

それを念頭に石川（2015）の考えを長文ですが、以下紹介します。私にとってたいへん納得できることです。

この図の中の第1象限「開放」を大きくしていくということは、第II象限「盲点」側と第III象限「秘密」側に押し広げていくということであり、それは前者が他者からフィードバックをもらうことであり、後者はより自己開示していくことを意味している。その2つの行為があってはじめて第IV象限「未知」に食い込んでいく形にな

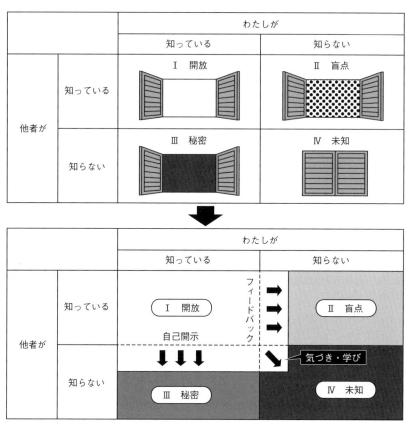

図4　ジョハリの窓
（石川2014より筆者作成）

り、つまり、その分の変化が「気づき・学び」とされるのである。

　「気づき・学び」を最大化していくというのは、この図が示す通り、フィードバック（他者からの意見・発言）と自己開示（自身の意見・発言）をできるだけ編み合わせていくということであり、それこそがファシリテーションであり、ファシリテーターの大事な役割と言えるのである。

　この図からもわかるとおり、「学び」「気づき」は自然発生しにくいも

のです。ファシリテーションがあることで「学び」「気づき」が発生しやすくなります。

　第2に場と行動の関係という視点です。ここでは心理学者のクルト・レヴィンが唱えた場の理論を用います。「人の行動には、その人の特性と周囲の環境が関係している」という理論で、B＝f（P、E）という式で表されます。Bは Behavior（行動）、fは関数、Pは Personality（本人の特性）、Eは Environment（周囲の環境）を指します。つまり、行動は本人の特性と周囲の環境の関数（かけ算）によって決定するという考えです。この式を考えると、本人は本人自身が変わろうとしない限り変わらないけれど、他者は周囲の環境に働きかけることで他者の行動変容に関わることができると考えられます。この他者の働きかけがファシリテーションと考えるとわかりやすいのではないでしょうか。

　九里（2015）[*12]は、図5を使って B＝f（P、E）を説明しています。次節で詳しく説明するファシリテーション6つの技術のうちの5つ（「インストラクション」、「クエスチョン」、「グラフィック＆ソニフィケーション」、「フォーメーション」、「プログラムデザイン」）は、まさしく「とりまく環境」

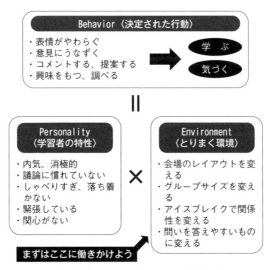

図5　場と行動の関係（九里2015より筆者作成）

に働きかけるものです。また、「アセスメント」は「学習者の特性」と「とりまく環境」の関連性を見取ることです。「とりまく環境」に働きかけていくために大切な技術です。「学び」「気づき」の相互作用を促すには「学習者の特性」を見取りつつ、まずは「とりまく環境」に働きかけていこうということになります。

❖❖ 学校・学級づくりの三領域とファシリテーション

　白松（2017）[*13]は、学級経営を「三領域」で整理しています（図6）。

　この「学校・学級づくりの三領域」（「必然的領域」「計画的領域」「偶発的領域」）からファシリテーションを見てみましょう。

　白松（2017）は、「必然的領域」を説明する中で、岩瀬・ちょん（2011）の「『心の体力』を温める」の表現を引用して、互いの権利を尊重する学級経営の基礎づくりの必要性を述べるとともに、それは学級を温めるために行うべきものだとしています。例えば、本書第2章でペアコミュニケーションなどの傾聴の場面を取り上げています。ここに重なります。

　「計画的領域」では、集団生活における「きまりごとの習慣化」を浸透させていくことなどを含みます。これは、ハリー・ウォン他（2018）[*14]が言う「学級経営で大切なのは秩序と一貫性」であり「手順を見守り、修正」していくと効果的であると述べている内容と重なります。「手順」をしっかり「習慣化（ルーティーン）」していくということです。その具体的方法として、ハリー・ウォン他（2018）は「説明する、練習する、強化する」としており、白松（2017）はIRRモデル[*15]や3Rモデル[*16]を紹介しています。これらの進め方もファシリテーションではよく見かけるものです。本書第2章のインストラクション以降の流れはここに重なります。

　「偶発的領域」では、教師によって管理できないインフォーマルな場面の強調であり、自律的・自治的活動につながるとしています。これら

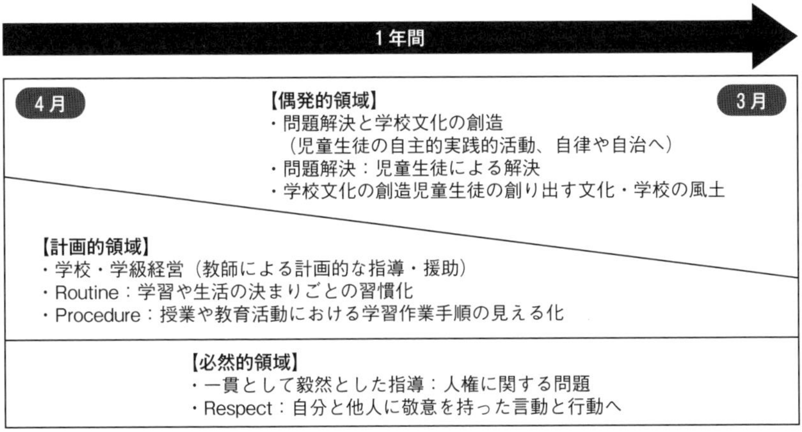

図6　学校・学級づくりの三領域（白松2017より筆者作成）

は本書で何度も登場するコミュニティという考え方と重なります。その際、中心となるのは子どもたち主体の各種活動です。ファシリテーションの最も得意とするところです。やはり、本書第2章で、数多くそれらの場面が取り上げられています。

　本書を読み進めていけば、「管理＝服従」「規律＝訓練」型の学級経営ではなく、秩序のない放任型学級経営でもなく、多様性を尊重する温かい学級経営＝21世紀型学級経営に向かっていくためには、学級経営の中に意識的にファシリテーション技術を取り入れていくことが大切だと理解していただけるのではないでしょうか。

（阿部隆幸）

2

学級経営と
ファシリテーション6つの技術

❖ 多様性・多分野・多世代の良さを活かすファシリテーション

ファシリテーションは、ビジネス、医療、教育、福祉、行政、ボランティア、プライベートなど多様な分野で人が協働しながら何かを創り出す（クリエイトする）場の進行技術です。狭義では、会議や研修、授業、プロジェクトなどで対話や議論を通して合意形成や価値創造、課題解決をクリエイトする進行技術であり、広義では「人はみな、誰もが力をもっている」という揺るがない前提のもと、個や集団の多様性を活かしてWIN-WIN-WINの平和な社会をクリエイトする進行技術でもあります。

子どもたちが多くの時間を過ごす学級が、誰にとっても平和で安心できる学びの場であることはとても大切です。

教室に入れば先生がいて、友達がいて、安心できる。安心できるから、難しい問題や困難な課題にもチャレンジできる。友達と遊んだり、学び合ったりしながら失敗を克服して成長していく。この学校・学級の価値を最大化するための技術の1つとして、ファシリテーションがあります。

そもそも学級は多様な子どもたちで構成されます。教室では、この多様性が「対立の種」となりがちですが、ファシリテーターはこれらの対立を好機と捉え、ゴールを共有しながら豊かな対話や議論で知恵と工夫を凝らし、課題解決を目指しながら共に歩みます。このみんなの人権が尊重される平和でしなやかなコミュニティとしての学級をつくる経験そのものが、子どもたちの将来につながる「学習財」となります。

そのためには、先生が1人で学級経営を頑張るのではなく、子どもたちや保護者ともファシリテーション技術を共有しながらみんなで進むことがポイントです。例えば、小学1年生から学べば、年をおうごとにそ

のスキルとマインドが積み上がり、将来にわたって多様な他者と協働しやすくなります。小学1年生には難しいと考える人もいるかもしれません。でも、保育所・幼稚園・こども園で年長児として活躍する彼らの姿を見ていると、大人以上に力強いと感じる場面があります。実際に小学1年生がファシリテーターとして活躍する実践例もあります。

　子どもたちの一番身近なファシリテーターモデルは、担任や授業をする先生たちです。まずは、先生からファシリテーション技術を身につけていきましょう。習熟すると子どもたちがリレーションシップを発揮して自発的に共に動く「学級経営の仲間」になります。もちろん、多様な子どもたちが集まる学級は対立や課題がなくなることはありません。でも、その質は向上します。

　阿部さんは、前節で「学び」「気づき」の相互作用を促すのがファシリテーションだと述べています。私はファシリテーションは学びと練習を繰り返すことでその技術が身につくと、伝えています。

❖ 学級活動におけるファシリテーション

　では、実際にファシリテーターになるためには、どんな技術を身につければいいのでしょうか。石川晋さんとの共著『対話で学びを深める

国語ファシリテーション』（フォーラム・A、2022年）では、教科における
ファシリテーションを以下のように説明しています。

教科におけるファシリテーション
①教科としての特性をつかむ
②授業のプログラムデザインを組み立てる
③授業が楽しいという実感を大切にする

この規定を学級経営に当てはめると以下のようになります。

学級経営におけるファシリテーション
①学級としての特性をつかむ
②学級経営のプログラムデザインを組み立てる
③学級経営が楽しいという実感を大切にする

　例えば、16頁に記載の図3「学級経営の範囲」とされる「朝の会」も
その特性をつかみ効果的に進むプログラムデザインを組み立て、子ども
たちにとって朝の会が楽しいという実感を育む場にします。朝の会のよう
な短時間の活動にもファシリテーション技術は活かされるのです。

　もちろん、子どもたちが学校で過ごす時間の大部分は授業であり、そ
の中でこそ個人とコミュニティは成長します。阿部さんも小学校の教員
時代に「学級経営の中心は授業だ」と話されていました。授業にも学級
経営が貫ぬかれていることは前提です。

　本書の第2章からは6人の先生方のファシリテーターとしての実践や
経験を紹介していますが、授業場面でも教科ではなく学級経営における
ファシリテーターとしての先生の関わり方やアプローチを紹介していま
す。ファシリテーションは学級経営の細部に沁み渡っていきます。

　ここからは、学級経営におけるファシリテーションの前提となる考え
方を説明します。

前提1 学級活動における2つのルール

学級では、2つのルールを共有します。

> ①失敗や間違いがオーケー
> ②言いたくないことは言わなくていい。言えることだけで進めていく

①失敗や間違いは大切な学びの種です。学級では「わからない」は最も尊重される意見であり、私たちはわからないから困り、困るから学びます。失敗や間違いが恥ずかしいから、積極的にチャレンジできないのは大人も子どもも同じ。でも、失敗や間違いは成長に欠かせないプロセスです。失敗や間違いをしても大丈夫なことをベースのルールにしましょう。

例えば、教室の後ろの掲示板に「失敗・間違いOKOK」と書いたポスターを貼り出して、常にルールとして可視化し、学級に文化として根づくまでは、先生が意識して「失敗、間違いOKOKだよ」と何度も繰り返しインストラクションすると、それだけで子どもたちの安心安全な環境は随分と整います。

②ファシリテーションは子どもたちの意見を「引き出す」技術として一般的に捉えられています。私も自著の中でそのように説明したこともあります。でも、実際に経験を積み重ねるうちに「引き出すのは誰なのか」という問題に誰もが早晩、突き当たります。ファシリテーターが意見を引き出すのではない。心理的安全性の高い環境では、問いの力を借りて意見が「溢れ出す」情景を目の当たりにするからです。**ファシリテーターが意見を引き出すのではなく、子どもたちから意見が溢れ出すような環境調整を行うことがファシリテーターの役割です。**

ファシリテーターが無理やり意見を引き出そうとしないことは前提ですが、意見が溢れ出して来るときにも、何を話して、何を話さないのかは、話し手の自己選択・自己決定に委ねられます。だからクラスのみんなが盛りあがっているときにも**「言いたくないことは言わなくていい。**

言えることだけで進めていく」こともセットで共有したい大切なルールです。

前提2 話のテーマ（問い）を選ぶ・みんなと話す機会をつくる

　学級経営で大切にしたいのは、まず、「明るくて軽い話を学級の誰とでもできる」環境調整です。しかし、コミュニケーションは自然発生しません。だから学級がスタートしたら、あるいはリスタートしたいと思ったときには、明るく、楽しいテーマで、みんなでケタケタ笑えるようなテーマを選択します。例えば、学級全員の名前が記載された名簿を持って、全員とじゃんけん大会を楽しもう！　などでも OK です。

　自然に任せていれば、学級には「よく話す子・あんまり話さない子」など友達関係にグラデーションが生まれます。でも、せっかく同じ学級になったのだから、誰とでも話せるようなきっかけを作りたい。「全員じゃんけん」は、誰とでもケタケタと明るく、楽しく笑い合える活動です。時間がないときや、人数が多いときには、１週間をかけて行うようプログラムデザインをし、人数が少ないときは学校中の人を巻き込んで展開します。

　明るく、楽しい話を誰とでもできそうな感じに関係が成長してきたら、「深くて、重い話をみんなでできる」にチャレンジします。例えば、それは難解な図形の計算式かもしれません。学級では、しばしば、明るくて楽しい話を学級の誰とでも話すという関係が成立していないのに、いきなり深くて、重い話し合いを展開する場面があります。関係性が未成熟なときには話し合いのパフォーマンスを発揮するのは難しいものです。深くて重い話ができる環境をつくるためにも、まず、**明るくて楽しい話を誰とでもできることを目指します**。そして、深くて重い話をみんなでできる学級経営へと進みます。これを何度も往還しながら学級は前へと進んでいきます。

子どもたちや先生がゴールに向かって本来、持つ力を発揮するプロセスの作り方を示した法則です。エンパワメントとは、1人ひとりが「心の体力」を温めて、自分らしく生きる状態を指します。

第1ステップ　まずは失敗をゼロにする
第2ステップ　小さな成功体験を繰り返す
第3ステップ　大きな飛躍にチャレンジする

第1ステップ　まずは、失敗をゼロにする

子どもたちが安心して学級で過ごすために、いきなり難しいことにチャレンジするのではなく、まずは簡単なことからスタートします。また、失敗してしまったときに先生が「なんでできないの？」とフィードバックすると負の失敗体験の強化となりますが、「大丈夫。よく頑張っていたよね。今の失敗には、こんな価値があるよね」とフィードバックすると失敗体験は価値あるチャレンジになります。先生の言葉がけで子どもたちの失敗への不安をつくりださないこともポイントです。

第2ステップ　小さな成功体験を繰り返す

さまざまな失敗体験が減り、自分や学級への信頼が回復してきたら、小さな成功体験を繰り返します。「うんうん、いける。大丈夫」と思える小さなチャレンジを細かく刻み、少しずつ積み上げます。何度も繰り返すことが大切です。

第3ステップ　大きな飛躍にチャレンジする

そして、いよいよ第3ステップにチャレンジです。小さな成功体験の積み重ねが糧となり、困難だと思っていた課題にも「チャレンジしたい」という意欲が高まります。このフェーズになると失敗からも自ら学び、力強く前へと進んでいきます。

このエンパワメントの法則は丁寧に取り組んだ方が良いときとテンポ良く進めた方が良いときがあります。子どもたちや学級は意識・無意識のうちに「大きな飛躍にチャレンジしたい」と力をためているのに、適切なチャレンジがないと行き場を失った力がいじめや仲間外しなど良くない方向に出力されることもあります。個人や学級をアセスメントして、今、どんなチャレンジが適切なのかを子どもたちと考え相談しながら進めます。

　クラスの雰囲気がワサワサして落ち着かないと感じるときは、行き場を失った力が教室でうごめいているかもしれません。そんなときは、レクレーションで思いっきり笑って遊ぶ、学校行事や授業で知的好奇心を思いっきり満たす、達成感をみんなで味わう、子どもと成長を実感するなど学級が楽しいと思える環境調整をしましょう。

前提4　コミュニティの成長を育む5つのステップ

　学級が楽しいコミュニティへと成長するためのプロセスには、5つのステップがあります。

第1ステップ　明るく楽しい。笑顔やユーモアがある
第2ステップ　自分のペースが尊重される。承認し合う関係がある
第3ステップ　深刻な課題を協働的に解決できる
第4ステップ　そのための技術や方法をみんなが持っている
第5ステップ　自分や友達、学級の成長を日々、実感できる

　皆さんの学級は今、どのステップを歩いているでしょうか。また、その主体は先生でしょうか。子どもたちでしょうか。担任主体の学級経営では、主に先生の掛け声に引っ張られて、子どもたちが5つのステップを歩みます。子ども主体の学級経営は、主に子どもたちの声を活かし役割を担いながら、5つのステップを歩みます。

　まずは、明るくユーモアのある学級を目指しましょう。「自分には難

しい」と感じるときは、笑える絵本の読み聞かせや読み合い、また、た
こ焼きパーティーなどもおすすめです。授業もみんなで楽しめる学習
ゲーム的な活動がおすすめです。

　これら4つの前提は、これから説明するファシリテーション技術を滑
らかにつなぎ合わせる作用があります。大切な指標です。

❖ 意識して練習しよう！ファシリテーション6つの技術

ファシリテーション6つの技術

　ファシリテーターの場づくり（ここでは学級経営）の技術は6つの構成
要素からなります。これらの技術は総合的、即興的に1人のファシリ
テーターから繰り出されるので識別困難ですが、構成要素を明確化すれ
ば、個別に、あるいは組み合わせてのトレーニングが可能になります。
意識して練習をしましょう。学級経営には、そのチャンスが溢れていま
す。

1．インストラクション（指示・説明）

　指示や説明をする技術。シンプルで的確な言葉や手順の提示。エピ
ソードを有するインストラクションは、1人ひとりが自律的、協働的に
動きやすい環境をつくります。

　相手に届きやすいインストラクションは以下の通りです。

①有益な情報が提示されている
②柔らかなトーンで心地良い。厳しい内容にも、納得できる説明や
　励ましがある
③自己選択・自己決定を尊重する選択肢が示されている
④これはダメ（NG）ではなく、こうすれば良い（OK）をベースにし
　ている

⑤物語が編み込まれている
⑥リズムとテンポが良い

　例として、わざとノイズを付け加えたインストラクションの例を示し、対比的に見ていきましょう。

〈伝わりやすいインストラクションの例〉
　皆さん、今日から「クラス全員じゃんけん」をスタートしたいと思います。来週から始まる運動会の練習までに、クラス全員とじゃんけんをするという活動です。運動会が楽しみな人もそうでない人も楽しくじゃんけんして改めて仲良くなりましょう。

〈ノイズが多くてわかりにくいインストラクションの例〉
　えっと、それでは皆さん、今日から「クラス全員じゃんけん」をね、スタートしたいと思います。来週になるとみんなが楽しみにしている運動会の練習が始まりますよねえ。え？楽しみにしてない？余計なこと言わないでください。このクラスには楽しみにしている人もいるんだから。その日までにねえ。クラス全員とですねえ。じゃんけんをして楽しく仲良くなろうというのが、この活動です。

（＊下線部がないほうが伝わりやすい。）

　インストラクションは意識するだけで毎日の授業で磨いていける技術です。わかりやすくてシンプルなインストラクションは、子どもたちの活動時間が増えて、その質が高まります。まずは、ここから練習をスタートしましょう。

２．クエスチョン（問い・問いだて）
　対話や議論、試行錯誤や探究を促進する問いだての技術。目的を有するクローズドの問いだてや、ニュートラルポジションで問うオープンク

エスチョンがあります。ファシリテーターの本質的な役割。

　ファシリテーターは問いの力で対話と学びを深めます。また、問いは「3．アセスメント」とも密接に関わり合っています。どんな問いを学級で共有すれば、みんなで一緒に前に進んでいくことができるのか。常に先生はアセスメントをしながら、問いを立てます。

　例えば、38頁から紹介する「全員じゃんけん　ファシリテーター物語」のように心配な状況が起こったときは、どのような問いを学級で共有するのが良いでしょうか。前提2で説明した通り、この物語の担任楓先生は、「今、学級の雰囲気はあまり良くないから、まずは明るく楽しい活動を多めに取り入れよう。その上で、注意深く観察しながら、例えば、当該の子どもたちと話し合おう……」のようなアセスメントに基づく問いを考えます。

　このときの問いは「運動会の練習がスタートする前に、クラス全員と楽しくじゃんけんしよう」というテーマ型の問いになりました。その後の状況をアセスメントしながら、次の問いへとつないでいきます。これらはクローズドの問いだてです。

　また、思考と対話を深める問いの練習方法として、「ホワイトボード・ミーティング® 質問の技カード」（後述）があります。大人も子どもも最初に取り組む「ホワイトボード・ミーティング®」（57頁コラム参照）のファシリテーターレッスンです。まずはオープンクエスチョンだけで聞ける、話せる「からだづくり」に取り組みます。また、日頃の対話の中で場面に応じて活用します。

○ 「ホワイトボード・ミーティング® 質問の技カード」

9つのオープンクエスチョン	8つのあいづち
1　〜と言うと？	1　うんうん
2　どんな感じ？	2　なるほど、なるほど
3　例えば？	3　わかる、わかる
4　もう少し詳しく教えてください	4　そうなんだあ
5　具体的にどんな感じ？	5　へえ
6　どんなイメージ？	6　だよねえ
7　エピソードを教えてください	7　それで、それで
8　なんでもいいですよ	8　そっかあ
9　他には？	

ちょんせいこ『ちょんせいこのホワイトボード・ミーティング』(小学館、2015年) より

3．アセスメント（評価・分析・翻訳）

　全体状況から現状を分析し、評価、分析、翻訳する技術。多面的な情報から全体の状況をメタ認知し、具体的な方針や手立てを導き出すための状況を読む力。

　子どもや学級の様子を読み取る(分析・評価・翻訳)技術です。子ども理解や集団の関係性理解がベースにあります。例えば、学級レクに積極的に関わらない子は「意欲がない子」と映ります。それに対して、「やる気を出しなさい」「きちんとやりなさい」はアセスメントなき対応です。なぜ今、やる気を出さないのか。その背景や理由は何なのかを分析し、子どもの心に寄り添い具体的な次の一手となる手立てへとつなげます。手立ては豊富にあります。ここでは、「子どもの育ちを戦略的にデザインする。あなたの学級はどの段階？どんなクラスをめざしている？」(ちょんせいこ『学校が元気になるファシリテーター入門講座』解放出版社、2009年)を加筆修正した表（次頁）と「ホワイトボード・ミーティング ®アセスメントスケール」を紹介します。

「子どもと育ちを戦略的にデザインする。私たちの学級はどの段階？
どんな学級をめざしている？」Ver.2

　学級の様子をアセスメントするときの指標です。
第5段階
　子どもたちは主体的、意欲的に自らの学びをマネジメントしている、
しっとりとした集中や対話、活躍する場面があり、楽しそうに（ときに苦
しそうに）探究的な学びのサイクルをまわしている。自分（個別最適）や友達
との協働的な学びをデザインする技術をクラスのみんなが共有している。
第4段階
　子どもたちは、先生の指示に従って学びを進めている。短時間のペア
やグループ学習が効果的に機能し、イノベーティブな話し合い活動を通
して、自分（個別最適）や友達との協働的な学びを豊かに進めている。
その技術をクラスのみんなが共有している。
第3段階
　子どもたちは、先生の指示に従って学びを進めている。短時間のペア
やグループ学習は進んでいくが、ペア学習は成立に偏りがあり、グルー
プ活動は一部のリーダー主導になりがちでイノベーティブになりにくく、
予定調和な話し合い活動が多い。
第2段階
　子どもたちは先生の指示に従って学びを進めている。ペアやグループ
での学習は成立しにくく、話し合う効果が見えにくい。子どもたちが協
働的な活動の意義や価値を実感する機会がなく、活動を呼びかけても
シーンとしたり、無秩序な話し合いに終止してしまう。（静的学級崩壊）
第1段階
　子どもたちは先生の指示に従わない。無秩序なおしゃべりや合理性の
ない立ち歩き、自己完結な学び、教室や学校からの飛び出しへの対応な
どで授業や学級活動に「待たされ時間」が発生し、授業や学級活動が成
立しにくい。（動的学級崩壊）

「全員じゃんけん　ファシリテーター物語」は、第3段階もしくは第2段階の学級です。このとき、いきなり第5段階を目指すのではなく、まず今の段階の安定と充実を目指します（強みを強化）。つまり予定調和な活動をみんなで楽しむことにたくさんチャレンジする。その中に「誰もが公平にじゃんけんに勝ったり、負けたりする」小さな成功体験をたくさん積んで、学級の中にある役割の偏りを温めながら溶かしていくように環境調整をします。

　またサポーティブな関わりを要するときには個別最適な学びとしては活動に参加しにくい子どもの横に先生が同じ目線で座り、友達とのじゃんけんを橋渡し（コーディネート）するなど、良きサイドワーカーの役割を担います。そして、その役割を子どもたちに移譲します。

　同様にホワイトボード・ミーティング® アセスメントスケールも、個人や集団の様子を読み取る指標として機能します。日常の学級経営はもちろん、ケース会議での活用にも効果的です。

ホワイトボード・ミーティング®アセスメントスケール

株式会社ひとまち
https://wbmf.info

1 生命・身体の危険を回避します
2 当事者のプレッシャーを緩和します
3 キーパーソンのプレッシャーを緩和します
4 過剰な刺激をとります
5 強みを強化します
6 言葉や態度の意味を翻訳し、ストーリーを見立てます
7 最高の状態と最低の状態を予測し、今の局面を規定します
8 NG→OK で行動変容を促します
9 ドキドキワクワクのチャレンジがあります
10 チームで役割分担をして進めます
☆大きな利益の損失を防ぐ

資料引用「よくわかる学級ファシリテーションテキスト　ホワイトボードケース会議編」
（ちょんせいこ・岩瀬直樹著・解放出版社　2012）

4．グラフィック（可視化）＆ソニフィケーション（可聴化）

　見えない、聞こえないものを、「見える化」（可視化）「聞こえる化」（可聴化）する技術。何を共有すれば（もしくはしなければ）場が促進されるのかが指標となります。

　学級経営におけるグラフィックは、黒板・ノート・掲示物・モニター・ICT 端末・ホワイトボードなどとても豊富で多様です。環境調整として効果的に機能するものとして学級目標や学びの歴史、手順やマネジメント方法の掲示があります。教室に 1 歩足を踏み入れるとクラスの様子や歩みが温かく伝わってくる学級は、先生や子どもたちの手で日常が可視化されています。

　学級経営におけるソニフィケーションは、始業や終業を伝えるチャイムや「起立」「礼」の号令、国語や社会の教科書の音読や、時には鳥のさえずりなど、やはり豊富で多様です。遊びを止めて片付けを始める予鈴は学級経営のベースを支える可聴化の 1 つです。ICT 端末に録画、録音された子どもたちの声、校舎に響く子どもたちの歌や音読の声からは、やはり、クラスの様子や歴史が伝わってきます。

　さまざまな可聴化がある中の 1 つに、先生の声＝インストラクションがあります。ここでは、33頁で紹介した「アセスメント」の 5 段階の表に沿って、学級で可聴化される先生のインストラクションに着目して説明します。「全員じゃんけん物語」のその後の様子です。

各段階共通の学級における先生の声の可聴化

　「全員じゃんけんの締め切りが 3 日後に迫りました。でも、どうやらまだ進んでいない人もいるようです。全員がクリアするためには、どうしたら良いでしょうか。」

第 5 段階の学級における先生の声の可聴化

　「今からの15分で解決に向かってください。終わっている人は工夫し

てさらに進めてください。」

第4段階の学級における先生の声の可聴化

　「最初の5分は各グループで名簿を見せ合って状況を確認し、作戦を
立ててください。そして、残りの10分で協力をしてグループ全員がクリ
アできるようにしましょう。全員クリアのグループは工夫して、さらに
進めてください。また、困っているグループがあったら助けましょう。」

第3段階の学級における先生の声の可聴化

　「となりの人と名簿を見せ合って状況を確認しましょう。大丈夫で
しょうか。では、今から15分で再び、じゃんけん大会を始めます。今日
の目標は2周目達成に向かう！です。まだあんまりできてない人がいた
ら、手をあげてお互いに伝え合って『わたし、じゃんけんしたい』『ぼ
くとじゃんけんして』と積極的に声をかけ合いましょう。声をかけるの
が苦手な人がいたら、周りの人が声をかけてください。交通渋滞を気に
しながら、安全に気をつけてチャレンジしましょう。私たちならできま
す。楽しんでやりましょう！」

第2段階の学級における先生の声の可聴化

　「となりの人と名簿を見せ合って状況を確認しましょう。大丈夫で
しょうか。それでは進め方を再度、確認します。日直さん、出てきてく
ださい。もう、運動会の練習スタートが迫ってきたので、ここは大サー
ビスでバンザーイと泣き真似、そして世間話はなしにしましょう。今か
ら15分間、楽しい音楽を流しますので、その間、ひたすらじゃんけんし
てみてください。今日の目標は第1周、完全制覇です。大丈夫、きっと
できます。クリアした人は第2周へのチャレンジもよろしくお願いしま
す！（はかどっていない子は休み時間にじゃんけんを橋渡ししてポイントを稼いで
おく）」

第１段階は、まずは失敗ゼロの積み重ねが特に大事になるので、目標設定を最適化します。例えば、これまでにできた集計数を成果として教室掲示するなどの工夫をし、別のチャレンジへと向かいます。

　学級の成熟度により、何を可聴化して、何を可聴化しないのかが変わります。そしてファシリテーションはどの段階にも有効です。

５．フォーメーション（隊形）

　グループ編成やキャスト（参加者）、シチュエーションを選択する技術。目的に応じて１人から大勢まで、室内から室外まで多様にアレンジします。

　主体的、対話的で深い学びの促進には、対話しやすい環境調整が必要です。現在、多くの学級では黒板に向かって座るスクール形式の机配置が基本で、グループ活動の際に机をつけるのがスタンダードになっています。前を向いて授業を受けることが合理的な場合はそれで OK ですが状況が許すのであれば、グループ単位で机をつけて学ぶアイランドスタイルをベースにしましょう。教科によってグループをフレキシブルに移動したり、ときには机を廊下に出して椅子だけで活動したり、自分の学ぶ場所をフリーアドレスのように選択できるようにもする。それだけで環境は随分と改善されます。「全員じゃんけん」のような活動をするときにも、教室に余白を生み出せます。もちろん、学級の状態が第１段階とアセスメントをしたときには、スクール形式をメインとしたフォーメーションからスタートし、だんだんとグループ活動の時間を増やしていきます。

６．プログラムデザイン（設計）

　ゴールを創り出すためのアクティビティ（学習活動）を組み立てる技術。1.～5. の技術を使い、プログラムデザインをします。プログラムデザインはさらに以下の６つのサイクルで構成されます。

プログラムデザインのサイクル
①学びのゴールと価値のインストラクション[*17]
②全体の流れ（見通し）と進め方、評価基準の共有
③活動とドキドキワクワクのチャレンジ
④観察とカンファレンス、レクチャーの繰り返し
⑤学びの成果の共有と価値のフィードバック
⑥振り返り

前掲：岩瀬直樹・ちょんせいこ『よくわかる学級ファシリテーション①③』

　ここまでの説明をイメージしやすく伝えるために、ある教室の様子を物語としてご紹介します。活動は「全員じゃんけん」です。先生がファシリテーターとしてプログラムデザイするとどうなるか。その一例を教室の様子で説明します。

❖ 「全員じゃんけん　ファシリテーター物語」

　初めて4年生を担任する楓先生。28人の子どもたちと楽しい毎日を過ごしています。でも、最近、ちょっと気になることが。女子のグループの中で対立が起こり、教室でずっとひとりぼっちになっている子がいるのです。休み時間もひとりで席に座っていて、寂しそう。「グループのメンバーと話し合ってみては？」と声をかけても「絶対ムリ」の一言です。実は1年生のときに不登校経験があるので、これをきっかけに、また不登校になってしまわないか？と楓先生は心配でたまりません。
　どうしようかなと悩んでいるとき、楓先生は以前読んだファシリテーションの本を思い出しました。「深くて、苦しい話をするときには、先に浅くて、楽しい話をいっぱいすればいいと書いてあったな」。
　そこで、楓先生は「全員じゃんけん」を決行することにしました。

トップダウンとボトムアップの
好循環を育む

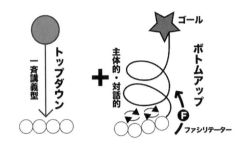

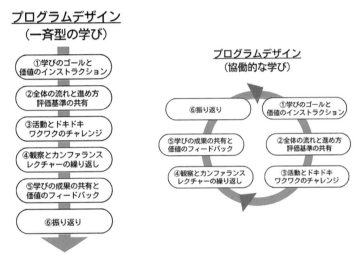

図7　一斉型と協働的な学びのプログラムデザイン

①学びのゴールと価値のインストラクション

　「皆さん、今日から『全員じゃんけん』をスタートしたいと思います。来週から始まる運動会の練習までに、4年1組の全員とじゃんけんをするという活動です。人数は28人です。毎日、全員と満遍なく話をするのは、難しいよね。ついつい席が近い人と話しがちになるなど、偏りも生まれてしまいます。でも、綱引きはクラス全員が気持ちを1つにして、協力することが大事なスポーツです。そのためには、クラスのコミュニケーションを増やして、笑顔がいっぱいあるチームになりたいと思うの

です。そこで『全員じゃんけん』です。どう？やってみたいですか。」

②全体の流れと評価基準

　「期間は来週の金曜日までです。それまでにクラス全員の人とじゃん
けんをして、これから配付する名簿に印をつけていきます。名簿には5
行の欄があります。クラス全員と3回、じゃんけんをして記録をつけま
す。つまり3周するということですね。今日はそのキックオフです。で
は、まず、モデルを見せます。今日の日直さんのおふたり、前に出てき
てください。皆さん、拍手でーす！

　日直さん、ありがとうございます。では、皆さんの前でじゃんけんを
お願いします。『じゃんけんぽい』。ありがとうございます。勝った人は
『やったー』とバンザイして喜んでください。負けた人は『えーん』と
泣きマネをしてください。ありがとうございます。上手ですね。そして
名簿にじゃんけんの相手の名前の1行目に○をつけます。そして笑顔で
ハイタッチをしてお別れします。ありがとうございました。皆さんわ
かったでしょうか。

　全員の1行目に○がついたら2行目をスタートしてOKです。喜んだ
り、悲しんだりするかわりに『近況報告』をしても良いです。『日曜日、
公園で遊んで楽しかったよ』とか『給食はカレーで楽しみだね』など、
一言近況報告をしましょう。選んでください。終わったらバイバーイと
手を振ってお別れするのもOKです。では、モデルのおふたり、もう一
度、最初からお願いします。

　ありがとうございました。日直さんに拍手ー！やり方はOKかな？何
か質問はありますか。では今から15分で進めます。」

③活動とドキドキワクワクのチャレンジ

　「では、始めましょう。皆さん、立ち上がってください。ヨーイス
タート！」

　子どもたちは立ち上がり、思い思いにじゃんけんを始めます。手には

名簿と鉛筆を持ち、まずは、近くの席の人とじゃんけんです。うれしそうにバンザーイと手を挙げている子もいれば、悲しみに打ちひしがれた演技をしている子もいます。バイバイの挨拶もそこそこに、次の子とじゃんけん。そうかと思えば、1人目の子とじっくり話し込んでいる子もいます。気になっていた女の子はどうかな？と探してみると、笑いながら近くの席の子とじゃんけんをしていました。最近、笑顔を見ることがなかったので、楓先生は少し、ホッとしました。

④観察とカンファレンスの繰り返し

　楓先生は教室の前、廊下、そして教室の後ろをまわりながら、クラスの様子を観察します。子どもたちは「先生、じゃんけんしよう」と誘ってくれますが、そこは一旦、「ありがとう。ごめんね」と断って、子ども同士の関わりを促進します。子どもたちの様子を見ていると、なかなか友達に声をかけられない男の子が席に座っていました。楓先生はその横にすっと座り名簿を確認し、同じ目線の高さのままで近くにいる子の背中をトントンと叩きます。そして振り返った子に、「はい、勝負」と席に座る男の子とのじゃんけんの相手をコーディネートします。世間話は双方に難しいので、バンザーイ！と泣きマネをして終了。その顔が思いのほかユニークで、3人でプッと笑ってしまいました。あと数人、同じようにコーディネートしたところで「行ってきたら？」。すると男の子は席を立ち、紛れていきました。

　気になっていた女の子は、別のグループの女子や男子、そして同じグループだった子とも少し気まずそうにじゃんけんをしていました。うんうん。今は、まず、ここからだよね。心の中でエールを送ります。

⑤学びの成果の共有と価値のフィードバック

　「皆さん、お疲れさまでした。どうでしたか？じゃあ、ちょっと聞いてみようかな。5人くらい○がついたよーという方、手を挙げてみてください。うん。3人ですね。10人くらいだよーという方、うんうん。18

人ですね。じゃあ、20人くらいだよという方、3人ですね。ええ？もう2周目の人もいますか。いるんだ。驚きました。

　楽しかったですねぇ。皆さんのとても楽しそうな姿を見ていると、うん大丈夫。運動会の綱引きも、みんなで力を合わせられるぞ！という気持ちになりました。特に笑顔が良かったです。みんなで笑顔になれるから、真剣な顔にもなれますね。運動会の練習が始まるまでに、じゃんけん3周よろしくお願いします。」

⑥振り返り

　「じゃあ、ちょっと振り返っておきましょう。親指メーターにしようかな。では、皆さん親指を出してみてください。では、ムッチャ楽しかったという人は親指を上に、まあまあ楽しかったという人は横に、楽しくなかったーという人は下に出してください。では、3・2・1ハイ！なるほどー。近くの人と見せ合ってみましょう。

　はい。OK です。上の人もときには下向くときもあるかもしれないけど、今のペースでいきましょう。横の人は、次は少し上に向かうにはどうしたらいいかなとチョット工夫を考えてみてください。下の人は、うんうん OK。少しずつ楽しめるようにしていきましょう！

　3周を目指して、休み時間などにもやってみてください。そういえば、ALT の先生が英語の時間にもやりましょう！と言っていたから、英語でじゃんけんできるかもね。そのときは世間話も英語で？楽しそうですね。3周目が終わった後の4から5周目は、『ホワイトボード・ミーティング® 質問の技カード』でペアコミュニケーションをします。この名簿は学活ノートに貼って大切に保管してください。なくすのが心配な人は写真を撮影して保管しておいてください。では、終わります！」

　いかがだったでしょうか。なんとなく学級の様子は伝わったでしょうか。

　次の第2章では、6人の先生に「ファシリテーション6つの技術を使

うと学級がどう変わるのか」という変容の様子をご紹介いただきます。繰り返しになりますが、これらの技術は総合的、即興的に1人のファシリテーターから繰り出されるので識別困難ですが、構成要素を明確化すれば個別に、あるいは組み合わせてのトレーニングが可能です。毎日教室で自覚的に取り組んでいくのがポイントです。一緒にファシリテーターチャレンジを始めましょう！

（ちょんせいこ）

3

対談　阿部隆幸×ちょんせいこ
これからの学級経営になぜ
ファシリテーションが必要なのか

❖ コミュニティとしての学級経営

ちょん　改めて、学級経営の定義をお願いします。

阿部　「学級経営」という言葉は現場で日常的に使われていますが、大多数の同意を得た定義はありません。私は、「学習指導要領」「総則の解説」「特別活動の解説」をもとに、以下の4つに整理しています（15頁参照）。

・学級集団としての質の高まりを目指す

・教師と児童、児童相互のよりよい人間関係を構築する

・学級で教育活動をうまく行うために必要な学級の整備

・生活の充実や向上、人間関係について考えること

ちょん　多くの学級は偶然、同じ年に、同じ地域で生まれ育つ子どもたちが形成するコミュニティです。そこに集まる子たちが、徐々に関係性を育みコミュニティとしての機能を学び、高める経験は、それそのものが「学習材」であり、学校が存在する価値の大切な1つです。そのコミュニティの成長に寄り添う先生がファシリテーターとして温かく場をホールドすることはとても重要で、子どもたちが失敗や間違いを繰り返しながら、それを克服する「経験的な学び」を積み重ねていくことが、その後の社会で生きる大切な力へとつながります。

阿部　学級をコミュニティと捉えると「自治」や「責任」といった社会を形成している構成員の集まりや共同体のように受け取れますね。

ちょん　はい。4月当初は、バラバラの集団として子どもたちは集まります。学級編成によって、よく知る子もそうでない子もいる。また、幼

少時からずっと 1 つの集団で暮らす子もいます。でもどちらも 1 年後には、子どもたちは成長し、クラスもコミュニティとして成熟する。その道筋を見通せると良いですよね。

阿部 先ほど学級経営の定義を 4 つに整理したものを紹介しました。その最初の「学級集団としての質の高まりを目指す」の「質の高まり」をどのように考えるかが学級経営の肝ではないかと最近思っているところです。質の高まりという言葉の意味が抽象的で、その捉え方が人によっては全然違うだろうと考えるからです。そこを出発点として各自の必要とする技術や考え方が表面化すると考えます。

ちょん コミュニティは何らかの目的を有する集まりです。SNS 上のコミュニティは「推しの応援」だったり、私たちの住むまちにも「まちづくり総合計画」が何期にもわたって展開されています。学級も同じで、目指すゴールや年間計画があります。それを先生 1 人で推進するのではなく、子どもたちと共有し、一緒に学級経営をしていこうと思えるマインドセットが大切だと思います。つまり、子どもも学級経営の大切な主体になることが、学級経営の質を高めるという考え方です。学級経営の構成要素はたくさんありますが、例えば、阿部さんだったら得意な社会科的ゲームをたくさん子どもたちと積み重ねるなどの活動を通して学級集団としての質の高まりを積み重ねてこられたと思います。そうした先生や子どもたちの個性も生きて融合するコミュニティの質の高まりを目指したい。そのときには先生だけでなく、子どもたちもファシリテーターになろう！というのが私たちの基本的な考え方です。

　また、コミュニティの質の高まりや成熟を測る指標も大切になります。日常に引き寄せて考えるとそのベースとなるのは良好なコミュニケーションがうまく機能しているかどうかです。例えば「ペアで 5 分間、相談してみましょう」とインストラクションしたときに、見える風景は学級によってさまざまです。

・クラスのほとんどのペアが充実した対話で思考を深めていく学級
・2〜3ペアは動かないけど、他のペアは思考を深める対話を進める学級

・15秒も経たないうちにほとんどのペアの対話が終わってしまう学級などなど。私が外部講師としてクラスに入ったときは、まず、ペアでの対話はどんな感じかな？と様子を見てアセスメントします。それが良いとか、悪いとかの評価はせず、学級のコミュニティとしての質の高まりの現在地を測って、次のアクティビティを選択するのがファシリテーターの基本です。問い（クエスチョン）は何にするのか。次の活動はソロなのか、ペアを続けるのか、グループにするのか（フォーメーション）などのファシリテーション技術を駆使して、次の展開を瞬時に決めます。そうすることで、子どもたちと一緒に成長のプロセスを歩んでいきます。

わずか45分、50分のゲスト講師としての特別授業であったとしても多くのことが見えます。もちろん担任の先生は、私以上にたくさん見えています。その内容を担任の先生とリフレクション（振り返り）しながら、学級のコミュニティとしての成長の道筋を一緒に考え、具体的な手立てを提案するのが私の外部講師としての役割でもあります。特に学級経営ではコミュニケーションの充実が欠かせません。それが個別最適な学びと協働的な学びのベースになると考えるからです。しかし、良好なコミュニケーションは自然発生しませんから、戦略的につくっていきたい。そうすることで、個人の学びが協働的な学びを拡張し、協働的な学びが個人の学びを豊かにする好循環が起こり始めます。学級というコミュニティの状態に大きく関係するので、一歩一歩、成熟していくためのプロセスをつくるのが、ファシリテーターの仕事です。

❖ 個別最適な学び・協働的な学びには良質なコミュニケーションが必要

阿部 個別最適な学びと協働的な学びの循環を授業その他のいろいろな場面で発揮できる下支えになるものがコミュニティの質を高めた学級経営みたいな感じですか。

ちょん ファンデーション、あるいはベースという感じでしょうか。コミュニティとしての力が個別最適な学びや協働的な学びに大きく影響す

ると考えています。授業にも影響が出ていると思います。

阿部　面白いです。

ちょん　実際に現場で学級経営をされていて、そうだったでしょう？

阿部　小学校教員時代の後半は、コミュニケーションを意識した学級経営をファシリテーションという言葉で説明されて、意識すると同時にファシリテーションを学ぶ中で自分の学級経営、授業運営に足りなかった部分をそこから学ぼうとしました。

ちょん　私の周囲では「学級経営はセンス」だと言われる時代がありました。「あの人はセンスがいいから」「センスが悪いから」という言葉でまとめられてしまう。

阿部　私の周りでは「人間性」とか「カリスマ性」で学級をまとめていく感覚はありました。子どもを教師に引き寄せるという感覚でしょうか。

ちょん　センスやカリスマを否定しませんが、ファシリテーションは技術なので、練習を積めば誰もが上手になることが重要なポイントです。今の教員養成課程や義務教育には「みんなで話し合って進める」協働的な学びの重要性が認識されているのに、そのためのファシリテーション技術を体系的に習得する時間が準備されていません。そうした学びの時間は大きな時間枠が必要というわけでもありませんし、一定時数が確保された後は、日々のリフレクションで身についていく技術ですから、学ぶ時間を整備すれば良いと考えています。

　また、子どもたちは学校で学んだ経験をもとに次の人生のステージに向かってコミュニティを巣立っていきます。子どもたちがこれから始まる長い人生において困難に遭遇したときにも「あのときのように、みんなで話し合った経験を活かせば、何とかなるはず」と思えるといい。そのためには、子どもたちも学級経営に参画し、小さなことでも大きなことでもいいので、先生の指示で動くのではなく、自分たちで計画し、実行し、振り返り、次のチャレンジができるような経験的な学習プログラム（単元）を学級経営として盛り込んでいくことが必要だと考えています。そのためにも子どもたち自身がファシリテーターであればいい。そ

してもちろん、先生もファシリテーターの練習をして、上手に子どもたちの成長とコミュニティの成熟に寄りそうことができるようになればそこにまた、新たな好循環が生まれると考えています。このとき、忘れてはいけないのは、コミュニケーションの方法は多様だということです。学校では言語ベースのコミュニケーションが重要視されがちですが、言葉以外の表現が得意な人もいます。マルチピザ（図8）のように、音楽や自然、体を動かすなどの子どもたちの得意を生かし、言語以外でも多様なコミュニケーションで子どもたちがつながりあえるといいと提案しています。

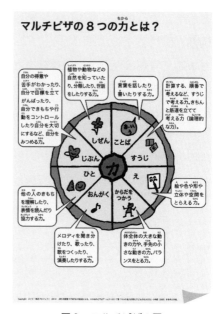

図8　マルチピザの図
スイミー風呂プロジェクト（2012）JSPS 科研費 21730730（研究代表者涌井恵）。中央のピザはアームストロング著「マルチ能力が育つ子どもの生きる力」小学館（2002）より

阿部　新採用数年目の方からメッセージをいただいたことを思い出しました。教師が子どもの前にあまり出ていかない、子どもたちをコントロールしないような授業をチャレンジしてみて、自分なりの手応えがあり、子どもたちも楽しみ、テスト的な成績も悪くなかったけれども、その授業を見学した管理職などから「先生は教えるプロだからもうちょっと先生が前に出てきちんと授業をしなさい」や「学級や子どもたちをコントロールしなければならない」というフィードバックがきて、悩んでいるという内容でした。学級の中だけでなく、管理職、同僚、保護者などの周囲との兼ね合いも、関係各位との良好なコミュニケーションがしっかりできれば良いということに落ち着くのでしょうか。

ちょん　少し違います。まず、学びのスタイルの選択だと思います。そ

の授業を実際に観ていないので何とも言えませんが、授業者と管理職との間に授業観や子ども観に基づいた「目指す学びのスタイルのズレ」があるのだと推察します。学習指導要領に則るならば、先生ではなく子どもたち自身が探究のサイクルを回せるような学び方が求められています。そこはマインドセットが必要です。

　この「学びのスタイル」の選択は、先生方の経験や学習履歴の差が背景にあるのだと思います。私は大阪の人権教育の流れの中で班学習という教育文化で育ちましたが、授業中にウロウロと立ち歩きながら効果的に学ぶ「合法的立ち歩き」*18や『学び合い』*19などの選択肢もありませんでしたから、私自身もマインドセットが必要でした。でも現在の子どもたちは必要であれば、席を立ち資料に手を伸ばしたり、友達と対話的に学んだり、自席で ICT を活用して学校外の人とつながって学ぶスタイルなどへの転換やそのための自己調整力も求められます。自分で自分の学びを子どもたちがマネジメントするのです。私たち世代が経験的に学んできたこの「学びのスタイル」を一旦、アンラーンして（手放して）、その経験を生かしながら新しい「学びのスタイル」を再構築する必要があります。それは、GIGA スクール構想も全く同じだと思います。ファシリテーションも ICT も技術ですから、得意な人も苦手な人も一緒に学んでいけたらと考えます。

　一方で、子ども同士のコミュニケーションが活発であれば良いというわけでもありません。例えば、先生の 5 分の説明で済む「正解のある問い」を子どもたちが20分かけて話し合ってしまう、いつもリーダー的な子どもが仕切ってしまうなどの状況は、対話によるイノベーションは起こりにくく協働的な話し合いとして未成熟です。ふさわしい問いを吟味したり、話し合いの進め方としてのファシリテーション技術をクラスのみんなが習得することが、必須だと思います。

❖ 新たな学びのスタイルのためにアンラーンする

阿部　アンラーンという言葉を聞くと考えてしまうことなのですが、マ

インドセットの転換はすごく難しいですよね。その人自身が腑に落ちるといいますか、「変わるぞ」と思わない限り簡単にアンラーンできないじゃないですか。

ちょん　はい。ファシリテーション以外の場面では、私もアンラーンやマインドセットに苦労していますので、簡単にできないことはよくわかります。だから小さなステップで積み上げていく成功体験がまずは必要だと考えています。もちろん大人も失敗、間違いOKOKで。アンラーンやマインドセットは成功体験がセットである必要がありますよね。

阿部　うんうん、そうですね。

ちょん　「令和の日本型学校教育」で初めて「ファシリテーション」という言葉が記載されました。教科書も探究的な話し合いをベースに進めていくことを明確に求めています。教科書で説明されている進め方をファシリテーションという概念で横断的に捉えて、学級経営や授業づくりに活かしていくということは、時代の流れに合っていると考えています。

阿部　従来の価値観で物事を考える方々にとっては、ファシリテーションという自分に馴染みのない言葉に出合ったときに「司会進行のことだね」とか「グループ活動をするときの司会進行や責任者の役割だね」という解釈で終わる人がいる気がします。そんな理解をしている人たちと出会うことはありませんか。

ちょん　約20年前に比べたらファシリテーションの認知は広がりましたが、現在も周りはそんな考えだらけです。

阿部　そういうとき、ちょんさんはどうするのですか。

ちょん　現場によっていろいろですが、ある小学校の例を紹介します。3年間、学級崩壊を繰り返したクラスに学校コンサルとして関わりました。当初は「障がいのある児童が学級にいるので、音楽の授業の工夫を指導してほしい」という依頼でした。しかし授業を参観すると、ガチャガチャで学級が落ち着かない。コミュニティとして安定しないので、障がいのある子どもも、周りの子たちも本来の力を発揮できていない状態でした。そこで、担任の先生と一緒に先生と子どもたちがファシリテー

ターになる取り組みをスタートしました。最初に取り組むのは小さな
ゲームです。「じゃんけんをやってみよう」とか「ミニホワイトボード
に絵を書いてみよう」とか。そんなことをしながら、少しずつ小さなコ
ミュニケーションを育んでいきます。それを毎日、続けていると子ども
たちの中に温かな関係性が生まれてきます。

　学級経営で大きな力を発揮したのは、会社活動[*20]でした。「自分の好
きなことで人の役に立つ会社活動」も最初はケンカばかりでしたが、
ゲーム会社やインテリア会社やダンス会社ができて、子どもたちが会社
パーティに１年生を招くことが大きな成功体験になりました。それを契
機にグッとコミュニティとして安定し、その機能の高まりを感じました。
同時に、ホワイトボード・ミーティング® のファシリテーターの練習も
して、話す聞く書く読むことを徹底して練習して、教室にお互いを承認
し合う関係が育くまれていきました。授業への意欲も高まっていました。
担任の先生と子どもたちがファシリテーターになり、コミュニティが安
定的に機能する構成要素が満たされていくと、先生のコントロールでは
なく、子どもたち自身が「自分たちには力がある」と気づいていきます。
「今まではどうせできない」とヤサグレていた子どもたちが、自分や友
達の中にある力に気づき、友達と一緒に一生懸命勉強にも取り組み始め
ました。学び落としがたくさんありましたが、教室には遡って学べる環
境とその先を学べる環境を準備しました。そのうちにトラブルが起こっ
ても、ホワイトボードに書いて自分たちで解決をするようになりました。
こうなると個別最適な学びも協働的な学びもうまくいく好循環が起こり
ます。障がいのある子どもへのサポートもコミュニティの安定が確保さ
れるにつれ、充実していきました。日々の小さな成功体験と子どもたち
の変容。そこからくる自信や自己有用感が先生方のアンラーンを支えて
いたと思います。

❖ ファシリテーションの４つのスキルと６つの技術

阿部　今の話を聞いて、ちょんさんが岩瀬さんと一緒に書いた『よくわ

かる学級ファシリテーション』[*21]などにある「『心の体力』を温める」ことがとても重要ではないかと考えましたが、いかがでしょうか。

ちょん　私たち1人ひとりが本来もつ力を発揮して生きることをエンパワメントと言います。エンパワメントなコミュニティを作ることが私たちの社会にとって、とても大切だと感じています。先生や子どもたちの「心の体力」が温まってくると、教室で1人ひとりが力を発揮しやすい環境が整います。私たちは、この変容や成長を実感する中で、ファシリテーションを本質的・概念的に理解するのだと思います。

阿部　自分の中での気づきをお話しします。例えば、日本ファシリテーション協会のホームページには、「ファシリテーションの4つのスキル」と書いてあります[*22]。ここでは「一般的な話し合いでのファシリテーション」スキルという言い方をしています。ちょんさんと岩瀬さんが共に考えた6つのファシリテーション技術は、「一般的な話し合い」に着目しているのではなく、先ほど話された「エンパワメント」につながっているファシリテーション技術と理解すれば、他のファシリテーションのスキルとの違いがあっても納得できます。

ちょん　日本ファシリテーション協会のホームページに掲載されている4つのスキルは、初代理事長の堀公俊さんの知見です[*23]。私たちが提案する6つのファシリテーション技術との違いは、単なる「切り取り方の違い」と考えます。堀公俊さんは主に日本の企業におけるファシリテーションの道を切り拓いてきた方ですが、堀さんも社員や企業が本来もつ力を発揮するエンパワメントの考え方は重要視されていると思います。ですので、この4つは場づくりに着目した整理だと考えています。私と岩瀬さんはファシリテーターとして自分が立ち振る舞いするときに、どういう技術があればうまく場が作られていくのかということを、互いの様子を観察しながら、順序づけも含めて整理したものです。私たちはファシリテーター個人の技術に着目しています。技術を標準化して、提起することで学校教育や社会に提案してきました。

阿部　他にもさまざまな立場から、多様なファシリテーションの技術を

提唱している人がいらっしゃることは知っています。

ちょん　私と岩瀬さんが6つのファシリテーション技術に整理する過程は、お互いを鏡にして「一体、私たちは何をしているのか」を徹底的に観察して対話し、「どうすればうまくいく、またはうまくいかないのか」をメタ認知する道のりでした。あれから10年以上が経ちましたが、この6つの技術に整理したことで、この本に登場してくださった先生方を始め、多くの方々にセンスでも、カリスマでもなく、ファシリテーション技術として転移していることを実感しています。

❖ 6つのファシリテーション技術の位置づけ

阿部　本書の座談会では、執筆者の皆さんは6つの技術の中で、アセスメントに着目してお話をする時間が多くありました（詳しくは第3章「座談会」を参照）。一方、初心者が一番ドキドキし、どうしようかと考えてしまうのは、インストラクションだろうと思っています。座談会に出席した彼らはすでに、日常的にファシリテーションを展開していますので、日々観察し対応し、対応し観察しの循環をしていると考えれば、アセスメントは、見方・考え方に立脚しますので、当たり前だなと感じました。

ちょん　座談会に参加した方々は、10年近くファシリテーションを実践し、ホワイトボード・ミーティング® の経験も豊かであり、これまでの歩みの中で「6つの技術のうちアセスメントが核となる技術である」という見解にそれぞれに到達しておられるのだと感じました。私もその通りだと確信します。ファシリテーターは、アセスメントによってインストラクションを変えますし、アセスメントによって問い（クエスチョン）をつくります。アセスメントによってグラフィックもフォーメーションもプログラムデザインも決まります。アセスメントは6つの技術の3つ目に位置づけてあり、真ん中になるファシリテーションを進める際のコアになる技術です。一方、インストラクションは一番練習しやすい。そして授業は先生のインストラクションの塊で構成されています。インストラクションが良ければ子どもたちが活動しやすいし、インストラク

ションが悪ければ活動しにくくなります。例えば、「子どもたちが動いてくれない」というご相談があって、授業を見せていただくと「インストラクションが不明瞭で子どもたちが迷って動けない」状態というときもあります。例えば、長くなりがちなインストラクションも「これから3つ話します。1つ目は、2つ目は、3つ目は」と切り分けて話す、シンプルな文字にしてモニターに映す、黒板に可視化するなどの具体的なファシリテーション技術を用いて工夫することができます。

　先生のインストラクションが長ければ長いほど、子どもたちの活動時間は減るので、インストラクションは最初に身につけたい技術です。だから1番目に配しています。その次がクエスチョンです。場にふさわしい問いを立てる、また、オープンクエスチョンで中立に誘導せずに聞く技術を身につけていくと、アセスメントをするための情報が集まります。インストラクションとクエスチョンができない中では、アセスメントが効果的に働きません。また、アセスメントできてもインストラクションや問いの立て方がまずいとアセスメントを効果的に活かせません。だから、この順番で練習をするのが機能的だと考えています。インストラクションとクエスチョンとアセスメントの3つを活かして、次に見える化と聞こえる化（グラフィック＆ソニフィケーション）を選択し、フォーメーションを決めていきます。この1から5の技術を使って設計するのが6つ目の技術、「プログラムデザイン」です。10分の朝の会、45分、50分の授業、35時間の教科横断で進める学習ユニットなどを、どうプログラムデザインしていくのかを構想していきます。

阿部　なるほど、わかりました。アセスメントを最初に位置づけても、形として何かになるものでもないですよね。まずアセスメントするための何かが必要で、インストラクションといったある程度の進め方を1回自分なりに習得した後、その上でアセスメントの技術を得ると、もっとそこからより良いインストラクションを生み出せるようになるという感じですね。

ちょん　そうですね。さまざまなインストラクションのバリエーションをもっていたら、アセスメントができるようになったときに、選択しや

すくなります。おそらく、教員養成課程ではインストラクションの練習を特化して学ぶ場面は少ないのではないでしょうか。問いに関しては、探究型の学習が本格的に導入されましたし、授業における指示や発問については多くの研究がされてきていると聞いていますが。

阿部 アクティブ・ラーニングが少しずつ市民権を得てきたり、子どもが活動する時間が物理的に長くなる授業が少しずつ増えてきたりすると、最初にこれから活動するにあたって、価値や意義や意味の説明や方法や進め方を含めたインストラクションがしっかりできることが、その後の子どもたちの活動内容に効いてきます。インストラクションを理解する、練習する必要感は増していると思います。私自身、学校現場に招かれて授業見学をさせてもらうとき、これから、45分ないし50分の授業がどのように進むかは、先生の最初の語り、いわばインストラクションですよね、その部分で大まかに想像できてしまうところはありますね。

❖ これからの学級経営のために

ちょん 「学びのスタイル」の過渡期である現在、学級という名のコミュニティへの子どもたちの「関わり方のスタイル」も変わっていくのだと思います。新しいチャレンジに不安はつきものですが、ファシリテーションがコンピテンシーを貫く1つの技術として位置づけられるといい。また、ファシリテーションは順序を踏んでいけば、試行錯誤を繰り返しながらも身につけることができる技術であり、個人やコミュニティの成長を促進する機能があることを経験してほしいと思います。そのための具体的な手立てが大事なのではないかと思っています。

阿部 ありがとうございます。今回この本を出すことで、全国の隅々の方までにファシリテーションを知っていただき、よりよい学級経営へと動き出す一歩に使ってもらえたらうれしいです。

【注】
＊1　中央教育審議会「「令和の日本型学校教育」の構築を目指して～すべての子供たちの可能

性を引き出す、個別最適な学びと、協働的な学びの実現〜（答申）」令和3年1月26日

＊2　石川一喜、小貫仁編『教育ファシリテーターになろう！－グローバルな学びをめざす参加型授業』弘文堂、2015年、18頁

＊3　工藤亘「令和の日本型学校教育に求められる教師のファシリテーション能力についての一考察—学校教育でのファシリテーション・サイクルを目指して—」『玉川大学教師教育リサーチセンター年報』2021年、11巻、97-108頁

＊4　井上義和「三つの仮説とアンビバレンス」井上義和・牧野智和編著『ファシリテーションとは何か』ナカニシヤ出版、2021年、6頁

＊5　工藤亘「ファシリテーターの役割についての一考察—玉川アドベンチャープログラムを通して—」玉川大学教育学部紀要『論叢』2010年、19頁

＊6　國分功一郎『来るべき民主主義－小平市都道328号線と近代政治哲学の諸問題』幻冬舎、2013年、173頁

＊7　ちょんせいこ『学校が元気になるファシリテーター入門講座－15日で学ぶスキルとマインド』解放出版社、2009年

＊8　岩瀬直樹・ちょんせいこ『信頼ベースのクラスをつくる　よくわかる学級ファシリテーション①かかわりスキル編』解放出版社、2011年

＊9　岩瀬直樹・ちょんせいこ『信頼ベースのクラスをつくる　よくわかる学級ファシリテーション③授業編』解放出版社、2013年

＊10　白松賢『学級経営の教科書』東洋館出版社、2017年、15頁

＊11　前掲書2、20頁

＊12　九里徳泰「ファシリテーションの落とし穴」石川一喜、小貫仁編集『教育ファシリテーターになろう！－グローバルな学びをめざす参加型授業』弘文堂、2015年、108頁

＊13　前掲書21頁

＊14　ハリー・ウォン・ローズマリー・ウォン著、稲垣みどり訳『図解実践世界最高の学級経営－成果を上げるための50の技術』東洋館出版社、2018年

＊15　「Ⅰ（指導）→R（リハーサル）→R（強化）」の流れで指導する方式を指す。

＊16　「R（確認する）→R（再構成する）→R（強化する）」流れで指導する方式を指す。

＊17　NPO法人授業づくりネットワーク理事長の石川晋さんによる造語。詳しくは、『授業づくりネットワーク』No.9「「学びやすさ」を重視した説明・指示・発問の新しい一斉授業」の巻頭論文を参照のこと。

＊18　国語科教諭の石川晋さんが2000年前後に始めた荒れた教室で自由に立ち歩くことができる学習スタイルとして考案し実践を始めた。命名は東北福祉大学教育学部教授の上條晴夫さん。

＊19　上越教育大学の西川純先生を中心に西川研究室で発見し、実践研究を重ね、理論化して全国に広がっている考え方。『学び合い』の考え方の基本は、「学校は、多様な人と折り合いをつけて自らの課題を達成する経験を通して、その有効性を実感し、より多くの人が自分の同僚であることを学ぶ場」であるという学校観と「子どもたちは有能である」という子ども観の2つ（『資質・能力を最大限に引き出す！『学び合い』の手引き　ルーツ＆考え方編』明治図書、2016年）。

＊20　自分の好きなことで人の役に立つ活動。主に特別活動の時間を中心に取り組まれる。子どもたちが会社を設立し、学級活動のさまざまな場面で活躍する。強みを活かした活動で自信をつけた後は、その要素を授業に活かし、子どもたちが活躍する授業づくりや探究的学びへとつながる（岩瀬直樹『クラスづくりの極意』農村漁村文化協会、2011年）。

＊21　岩瀬直樹・ちょんせいこ『信頼ベースのクラスをつくる　よくわかる学級ファシリテーション①かかわりスキル編』解放出版社、2011年

＊22　場のデザイン・対人関係・構造化・合意形成の4つのスキル（https://www.faj.or.jp/facilitation/）2022年12月10日閲覧

＊23　堀公俊『ファシリテーション入門』日経文庫、2004年、堀公俊『組織変革ファシリテーター』東洋経済新報社、2006年

ホワイトボード・ミーティング®とは

　ホワイトボード・ミーティング®は、参加者1人ひとりの意見が活かされる効率的・効果的な話し合いの方法です。2003年にちょんせいこが開発し、ビジネス、教育、医療、福祉、行政、ボランティア、プライベートなど多様な領域、多世代で活用されています。

〈5つの特徴〉
①ホワイトボードに意見を可視化する
②進行役をファシリテーター、参加者をサイドワーカーと呼ぶ
③「ホワイトボード・ミーティング®質問の技カード」を用いて、深い情報共有を進める
④話し合いに発散（黒色マーカー）→収束（赤色マーカー）→活用（青色マーカー）のプロセスをつくる
⑤6つの基本の会議フレームがあり、熟練したファシリテーターはこれらを即興的に組み合わせる

〈6つの会議フレーム〉
①定例進捗会議…組織運営の基礎体力をつける話し合いの進め方。リフレクションや思考や感情の整理に最適。
②役割分担会議…プロジェクト全体の見通しを共有し、スムーズな役割分担でメンバーが共にゴールへ進むための会議フレーム。
③企画会議…意見やアイデアを出し合ってシンプルな合意形成を進める会議フレーム。
④情報共有会議…情報の棚卸しを通して全体状況や優先順位などを確認する会議フレーム。
⑤課題解決会議…課題の改善、解決を考える会議フレーム。
⑥ホワイトボードケース会議…情報をアセスメントし、状況を改善、解決するための会議フレーム。

ホワイトボード・ミーティング® は、大人も子どもも同じ方法を学び、練習を繰り返して身につけるファシリテーション技術です。

　この技術を共有することで、多分野、多世代で効果的に話し合いが進みやすくなります。ファシリテーターが意見を聞いて書くプロセスにより、承認し合う関係を育むので、コミュニケーションや関係が良くなり、思考や感情の整理にも役立ちます。関係図書も参考にしながら取り組んでみてください。

〈学級で進める3段階〉
　学級では、次の3段階の取り組みを通して、全員でファシリテーターの練習をします。

第1段階…「ホワイトボード・ミーティング® 質問の技カード」で、思考と対話を深める
第2段階…ペアでミニホワイトボードに聞きながら書くインタビュー活動を行う
第3段階…グループで大きなホワイトボードで合意形成や課題解決、探究学習を進める

【参考文献】
ちょんせいこ『ちょんせいこのホワイトボード・ミーティング』小学館、2015年
阿部隆幸・ちょんせいこ『『学び合い』× ファシリテーションで主体的・対話的な子どもを育てる!』学事出版、2017年
株式会社ひとまちHP（https://wbmf.info/whatwbm/）

第2章

実践！
ファシリテーション
6つの技術を活かした
学級経営

インストラクション
学級開き、みんなで思いを言葉にしよう

こんなとき、どうする❓

　4月の始業式。子どもたちとの1年の始まり。こんなクラスを作りたい！と熱を入れて語りますが、イマイチ子どもたちに届いていない感じがするんです。どうしたらいいでしょうか。

ファシリテーターならこうする❗

　担任の願いを伝えるだけでなく、担任も含めた学級の友達との出会いにドキドキワクワクを感じられるように語りかけます。

　「こんにちは。担任の○○です。これから1年間、みんなと過ごせることにとってもワクワクしています。

　みんなの得意なことは何ですか？走ること、絵を描くこと、計算、おしゃべり……得意なこともあるし、苦手なこともありますよね。それは本当に人それぞれ。違いがあります。

　そうした友達との『違い』は、この学級の『強み』になる大切なもの。例えば、算数の問題で解き方がわからず困ったとき、おしゃべり好きな友達の説明や、絵の得意な友達が描いた図で解き方を見つけることもあります。こうして1人ひとりの好きや得意が、学級の力になります。だから『違い』のある友達がいるって心強い。1人ひとりの『違い』は学級の『強み』です。それを活かせる学級にできたら素敵だなって思います。失敗や間違いも大切な学び。みんなとならきっとできる。この1年、一緒にチャレンジしていきましょう。

　それでは、お隣の友達と自己紹介。1分ずつ名前と『今、楽しみなこ

と』を聞き合ってみましょう。」

ここがポイント！

①子どもたちが今とこれからを思い描く場面を語ります。
②違いを強みとして支え合える学級で過ごす価値を伝えます。
③先生も学級の一員として子どもたちと一緒に進む意思を示します。

よくある失敗例

　「こんにちは、〇〇です。この学級の担任になれてうれしいです。私は走ることが大好きで休日は欠かさず10km走っています。それから実はヘビが苦手です。みんなは得意なこと苦手なことはありますか？

　これから1年間、みんなには努力と協力を大事に進んでもらいます。苦手なことも努力で乗り切る。困ったときにはとにかく協力する。これが先生がみんなに約束してほしいことです。努力しないで怠けるとか、協力しないで遊んでいるとか、そういう人が1人もいないようにしましょう。そんな様子を見つけたらお互いに注意しあおう。

　みんなが努力し、協力すれば、どんなことだってできる！先生と約束できる人！よし、たくさん手が挙がりましたね。それでは今日はお便りがたくさんあるので一気に配ります。」

解説

　新学期、最初の時間。誰もが新しい環境にドキドキです。ファシリテーターはその気持ちを受け止め、子どもたちの誰もが学級の一員と思えるインストラクションで学級を温めます。先生が主役のように自分語りをしたり、一方的な所信表明になったりして自己主張するのは残念です。

　先生も学級の一員。ファシリテーターは主語を「私」として語ります。「私」は何を目指し、大切にするのか。先生も子どもたちも1年間通う教室で、共に歩み成長するための道標を、言葉を選び整えて伝えたいものです。

（前田考司）

クエスチョン

関わりで楽しむ
自己紹介

こんなとき、どうする ❓

　学級の担任や友達が様変わりし、新鮮な空気があふれる新学期。自己紹介や「好きな○○」を聞いてもみんな同じものばかりで、飽きてきた子どもたちがザワザワしています。どうしたら新しい友達に関心をもってくれるでしょうか。

ファシリテーターならこうする ❗

　「学級に伝えたい！隣の友達のステキなところは？」という大きな問いを学級で共有し、隣の友達とのペア・コミュニケーションから始めます。「好きな食べ物」や「好きな遊び」を話題に、オープンクエスチョンとあいづちを使って取り組みます。

ぼくが好きな動物はハムスターです

まずは1人1分で聞き合うことから。隣とできたら前後や斜めとペアを組み替え、関わる機会を積み重ねます。慣れてきたら「ちょっと頑張っていること」や「実は得意なこと」といった、お互いのポジティブな一面に触れる問いも立てます。慣れてきたらミニホワイトボードに話したことを聞きながら書き、隣・前後の友達と共有します。そうして見聞きした情報をもとに、隣の友達の紹介カードを作ります。できたカードは掲示物やICT端末で学級全員のステキを味わえるよう公開します。

ここがポイント ❗

①まずは「思わず話したくなる」軽くて明るい話題を問いにします。
②ペアや少人数の小さなコミュニケーションを丁寧に積み重ねます。

③「小さな自己開示」のプロセスをつくります。

よくある失敗例

　新学期の授業、黒板に自己紹介の項目が書かれます。①名前②好きな給食③好きな遊び。最初に先生がお手本で自己紹介すると、名簿の先頭から席を立ち、自己紹介が始まります。

　「好きな給食はカレーライスです」次の子も「私も好きな給食はカレーライス……」同じ紹介が何人か続くと次は、「好きな遊びは、マイクラの○×でマルチプレイすることです」と、一部の人しかわからないような話題も出てきます。聞く方がやがて散漫になり、ザワザワしてくると先生から「静かに！」と注意の声。終盤は、ざわつく教室で控えめな自己紹介になり、なんだか形式的な活動になってしまいました。この自己紹介の目的は何だったのだろう……。先生は全員が話し終えたところで、黒板を当番決めのためにいそいそと書き直しています。

解説

　同じ内容やわからない話が続くと、聞く方は心が冷えていきます。一方的に聞くだけでなく、新しい環境でも聞き合う関係を育む、関われる問いを立てます。ゴールになる「大きな問い」を示し、そこにたどり着くための「小さな問い」で聞き合う関係性を育みます。まずは、誰もが気軽に話せそうな「軽くて明るい問い」から始めます。最初から多くの人に向けて話すことは大きなハードルです。隣の人とペアで始め、相手を替えながら続けます。「軽くて明るい問い」を重ねることでお互いの心理的ハードルは下がり、関わりに安心感が生まれてきます。これにより、「実は私は……」とお互いが小さな自己開示がしやすくなっていきます。ここで集まった情報を生かし、学級に伝えたいことを近くの友達と相談しながら決定し、紹介していきます。人には言いにくかった自分の好きなことや得意なことを記事にしてもらったり、友達が紹介してくれていたりしたら、新しい友達と親しくなるきっかけが生まれるかもしれません。　（前田考司）

アセスメント
読み聞かせ中、落ち着かない子のアセスメント

こんなとき、どうする

　4月の休み明けの朝、絵本の読み聞かせをしましたが、子どもたちがソワソワ落ち着かず、聞いていない子がいます。中には教室の後ろで背中を向けている子もいました。絵本の読み聞かせを楽しく進めたいのに、つい怒ってしまいました。どうしたらいいでしょうか。

ファシリテーターならこうする！

　Aさんが教室後ろのロッカーに腰掛けて見ています。本を読みながらも、(Aさん、週のはじめだからかな？落ち着かないみたい)……絵本を読み始めると、みんなが笑う場所で微笑むAさん。(あ、関心はあるんだな。そのまま進めよう)……絵本の前で身を寄せ合っていたBさんがページをめくる瞬間に、「あ、知ってる。この後おじいちゃんがねぇ……」と大声でこの先を話し始めました。すかさず先生が「Bさん本当！？みんなはどう思う？近くの人とこの先を考えてみよう」と学級に投げかけました。ソワソワしていた他の子たちも近くの人と話を始めます。(あれ？Cさんは友達の間で1人で黙っている……何かあるのかな？今日1日様子を見てみよう)……Bさんの話で中断した部分から再開すると、教室は再びしっとりと静かになっていきます。終盤には読み聞かせに合わせて「いいから、いいから〜」と子どもたちの声が増えてきました。温かい雰囲気の中でAさんも後ろで柔らかい表情になり、本を見ていました。

ここがポイント！

①絵本を見ていなくても大丈夫。先生の声でホールドしましょう。

②作品の力を借ります。関係のない反応は軽やかにスルーします。

③今の活動とアセスメントが第一。この場での解決を急ぎません。

よくある失敗例

　Aさんが後ろのロッカーに腰掛けて見ています。先生が「そこから降りましょう！」と注意をして渋々降りたAさん。Aさんと先生のやりとりで、読む前からちょっとした緊張感が教室に。読み進めていくと、絵本の前で身を寄せ合っていたBさんが「あ、知ってる。この後おじいちゃんがねぇ……」と大声でその先を話し始めました。すると先生は「Bさん、それを言うのはもったいないよ。この先を楽しみにしている人に悪いよ」とまた注意。中断が続き、気がつくと周囲もザワザワと話し声が増えてきました。このまま読んでいいのかなと迷った先生が「続きを読みます。静かにしましょう」とまた注意。楽しいはずの読み聞かせが、作品に関係のない声かけや注意で何度も中断し、物語の面白さが見えないままザワザワとしたまま読み聞かせが終わってしまいました。

解説

　学級開きを機に、絵本の読み聞かせで、物語を学級で共有する時間を育みましょう。絵本の読み聞かせをしながらも、先生はそこで起こっている1人ひとりの子どもたちの事実を見つけていきます。誰がどんな様子で、その背景に考えられることは何か？事実が起こる背景に思いを馳せて、その子の「今」を捉えていきます。

　活動の間に割って入る言動が注目行動だとしたら、目を合わせ静かに手で合図して（見ているよ）のサインを送りつつ活動を進めることもあります。すべてに対処することがベストではなく、多くの子が活動している流れを止めずに、そこで起こる小さな事実に関心をもち、起こっていることの意味を考えていくことがアセスメントの第一歩と考えています。

（前田考司）

グラフィック＆ソニフィケーション

子どもたちの「今」を 伝えるには？

こんなとき、どうする

　新学期が始まり、子どもたちの頑張りや輝きの芽が見えてきました。こういう姿を子どもたちにフィードバックして伝えたいのですが、にぎやかな教室では子どもたちになかなか届かないし、学級通信に書いても子どもたちに読んでもらえるか心配です。どうしたらいいでしょうか。

ファシリテーターならこうする❗

　新学期が始まって最初の週末の帰りの会。学級通信を前の席から順番に配ります。最後の席の子まで配られると、先生が前に立ち、読み聞かせを始めました。「学級通信、ステップ３組。４月○日号。間違いだってOK。朝の時間に、ペアであっち向いてホイ。いろいろな人とペアになります。相手が指す方を向いたら負けのはずですが、勝負がつくとペアの間にはなぜか笑い声……。失敗や間違いでも楽しくなれることもある。教室にそういう雰囲気が溢れたひとときでした。」自分たちの１週間の振り返りを担任の声で可聴化すると、読み終える頃には教室はしんとなり温かい空気が満ちています。「さて、お家の人にもこの雰囲気、伝えてみてね」の一言で、子どもたちは帰りの支度に動き出しました。

ここがポイント❗

①子どもたちの姿を学級通信で情景が浮かぶエピソードにして可視化。
②紙面だけでなく、読み聞かせで子どもたちへの可聴化をします。

③ポジティブな場面やときには乗り越えたトラブルも共有します。

よくある失敗例

　新学期が始まって最初の週末。来週の行事や持ち物の連絡がいっぱいの学級通信が帰りの会で配られます。「時間がないけど連絡するよー、来週は図工が始まるから絵の具セットを持ってくること、習字道具を買う人は申込書を書いてくること。詳しくはお便りに書いてあるから、お家の人に見せてください。」と、担任の先生が早口で説明をしている教室は、カバンをロッカーに取りに行ったり、引き出しから荷物を出したりと賑やかな音が絶えません。「はい、時間がないからお便りも道具と一緒にしまってー！」担任の先生の急かす声。慌ただしい帰りの準備の中で、学級通信が床に1枚落ちていたり、せっかちな子がぐしゃぐしゃにしてカバンに詰め込んだりと、素敵なエピソードが書かれたはずの学級通信は、無事にお家の人に届くのでしょうか。

解説　‥‥‥‥‥‥‥‥‥‥‥‥‥‥‥‥‥‥‥‥‥‥‥‥‥‥‥‥‥‥‥‥‥‥‥

　学級通信は普段の教室の様子を保護者に伝えるメディアです。子どもたちの素敵な姿を書いた文章は、教室の主役である子どもたちにも伝えたいものです。まず、学校生活を楽しむ姿や、学びのエピソードを先生の視点で見つけ、子どもたちに向けた言葉で綴ります。出来上がった学級通信は教室で読み聞かせることで、目に見えるだけでなく、聞いて受け取れる教師からのフィードバックとなります。教室の主役である子どもたちを学級通信の第一の読者として、教室の出来事を皆で味わう文化をつくります。学級通信の読み聞かせは、教室を共感的な場にでき、そうした共感的な場では私たち教師の願いや希望を子どもたちに伝えやすくなると言います（石川2015)[1]。また合わせて、絵本の読み聞かせも教室で取り組み、読み聞かせを味わう文化が根づいてくると、学級通信の読み聞かせはより、目で見ても耳で聞いても子どもたちが自分の成長を味わうことのできる心地よいメディアの1つになるはずです。（前田考司）

トラブル解決は
輪になって話そう

こんなとき、どうする？

　新しい学年や学級になると、これまでとの違いに出会う場面があります。休み時間に1個のボールを友達と奪い合うトラブルが起きました。学級の中で起こったトラブルは、やっぱり学級のみんなで考え、乗り越えていきたいものです。どうしたらいいでしょうか。

ファシリテーターならこうする！

　朝の会は教室で輪になって、隣の人と「昨日はどんなだった？」と朝の健康観察も兼ねた会話から始まります[*2]。朝の連絡が終わると先生から「昨日、休み時間にボールを取り合うことがあったよね？ AさんとBさんとはその場で一緒に考えたけど、み

んなだったらどうすると気持ちよく遊べそう？考えてみよう。まずは隣の人とアイデア交換しよう」と、輪になったまま相談が始まります。「ではトーキングスティック[*3]を回すよ。誰か真ん中のホワイトボードに考えを書いてくれる？」と言うとCさんがペンをとり、1人ひとりの考えを書いていきます。ひと回りして、簡単な質問と意見をみんなから聞き終えると先生は、「Aさん、Bさん？この中で次からできそうなことはある？」と尋ねると、Aさんは「次は譲る……」Bさんは「ジャンケンで決めようって言うかな」とそれぞれにこれからの行動を表明していました。

ここがポイント！

①全員の顔が見える自然ときれいな輪になれる学級を目指します。

②近くの人とすぐに相談できる距離感を大切にします。

③困ったときに限らず、日常的に「輪になる」心地よさを味わいます。

よくある失敗例

　朝、教室に先生が来るなりすぐ、「席についてください。昨日、学級のボールを友達と奪い合う残念なトラブルがありました。」と先生からトラブルの概要が告げられました。皆が前を向き整えられた座席のまま、このトラブルを乗り越える方法を考える緊急会議が始まりました。先生は、手を挙げた人を次々と指名して、その意見を黒板に書き出します。指名された人は席を立ち、先生に向かって対応策を話します。挙手と発言が続き、当事者だった子は不満を隠せない顔でうつむいています。物静かな子は、様子を見ながら何か言いたそうだけど手を挙げる勇気がありません。教室の後ろの方では、ヒソヒソと話し始める子もいます。それを見つけた先生は「後ろの人！友達の意見を聞いて！」と大きな声で注意をします。ヒソヒソ話をしていた子、本当は友達の発言を聞いて思いついたアイデアを友達に相談していたんだけどな……。

解説

　全員が机を前に向けるスクール形式では、前にいる先生に体が向くため、学級のみんなに向かって伝える難しさを感じます。また、先生が指名した子どもとやりとりをすることは、先生とその子だけで話すように感じられることもあります。輪になるフォーメーションは、学級全員の顔が見える安心感が生まれます。また、すぐに両隣と相談ができる親密な距離感があり、みんなで考える場面では大切にしたいフォーメーションの１つです。自然ときれいな輪になれる学級を目指します。学級は、先生も含めた全員が構成員。トラブルを起こした人も声が大きい人もおとなしい人もみんなが対等な存在であるはずです。アドラー心理学の「クラス会議」では、輪になることを対等であることの宣言としています[4]。

（前田考司）

学級目標までの
ロードマップ

こんなとき、どうする？

　「学級目標を子どもたちの言葉でつくるのが大事」とよく言われるのですが、みんなで話し合うとなかなか意見がまとまりません。いつも最後には、担任がそれっぽい言葉でまとめるのですが、絵に描いた餅みたいになるんです。どうしたらいいでしょうか。

ファシリテーターならこうする！

　「学級目標をつくる」過程を、大きな単元のように考えて4月いっぱいをかけて、みんなで取り組みます。①学級開きで先生の願いを伝えます。②グループで「どんなクラスにしたい？」を話題にします。③仮

の学級目標を決めます。「楽しく」や「笑顔」「ハッピー」などのざっくりしたイメージでOKです。④これを日々の振り返る視点にしながら「学級目標」を4月末につくろうと伝えます。

　朝の会や学級活動でペアになってオープンクエスチョンで聞き合う関係性を育みます。国語の「話す・聞く」単元でも活用します。また、名簿にサインをもらいながら、時間を見つけてクラス全員と話してみるなどの活動で、関わりの輪を広げていきます。「初めての給食準備」「1年生を迎える会」などの取り組みが終わったときに、「楽しかったか？」「笑顔だったか？」「ハッピーだったか？」を振り返ります。うまくいかなかったときは、どうしたい？どうなったらいいと思う？とアイデアを出し合います。そうした過程を繰り返すうちに学級の目指す姿が先生と子どもたちに見えてきます。話し合いは体験と振り返りを積み重ねてからでOK。たっぷりのつ

ながりや関わりの先に、みんなで考える学級の姿が現れてくるはずです。

ここがポイント！

①仮の学級目標で、体験と振り返りを繰り返し、コミュニケーションや
　関わりの量を最初の１ヵ月で確保します。
②特にうまくいった活動や経験を振り返り、その後に活かします。
③すぐに話し合わず、成功体験の振り返りから目標を紡ぎます。

よくある失敗例

　「学級目標は子どもたちの言葉で！」と意気込んでスタート。学級開
きから、とにかく輪になって「どんな学級にしたい？」と話し合い。先
生は「私は指図しないよ。自分たちの意見と相談で決めるんだよ。」と
宣言し、輪の外からみんなを見守るけれど、ふざけた意見が出ると、つ
いつい注意をして口を出してしまいます。輪の中には不安で、友達の横
で小さくなって黙っている子も。そういう活動が毎日延々と続き、なか
なか授業も学級目標も進まなくて子どもにチクリと言ってしまいます。

解説 ....

　「学級目標を決める」ことが目的ではなく、「学級目標をかたちづくる
プロセスを学級みんなで味わう」プログラムデザインにチャレンジしま
す。仮の学級目標で回したサイクルを自分たちの言葉でつくった本番の
学級目標でも、１年間をかけてそのサイクルを回していきます。

　学級目標を決めることだけでなく、普段の生活や教科等の活動で、①
たくさんの人と話す②たくさんの人と協力をして小さなチャレンジを積
み重ねる③その関わりを「仮の目標」に照らして振り返るプログラムデ
ザインで、①お互いの心理的ハードルを低くし、②承認しあう関係によ
る対話が始まり、③体験と友達の声を聞きながら「みんなで納得できる
学級目標づくり」を実現します。教師はその過程の中で個人と学級集団
のアセスメントをしながらプログラムを微修正していきます。（前田考司）

「学級開き」と
ファシリテーション技術

阿部 子どもたちは学級開きの時点で大きく２つのことを心に抱いていると思います。１つは未知への不安です。学級が替わるし、学年が上がる。担任教師が変わるし、大丈夫かなと心配する心です。一方で、未知だからこその期待感が生じます。この先、どんな楽しいことがあるのだろう……ということですね。この２つが存在していると思いますので、学級開きには不安の解消と期待感をより膨らませる２つの役割があると考えます。お互い隣同士や担任がどんな人かわからないという不安があるので、少しでも早く打ち解けられるようにお互いのことを聞きあう場を多く設定します。それは同時に自己開示をする場が多くあることでもあります。

ちょん クラスを１つのコミュニテイと考えると学級開きはキックオフ。これから始まる１年を共に過ごす先生と子どもたちが、お互いを知り、担任と一緒に「自分たちがクラスをつくっていくのだ」と実感できるような体験的な学びを積み重ねて、忙しい時期だからこそ、上手に過ごしましょうと伝えています。学級は先生だけではなく、子どもたちと一緒に力を合わせてつくる場所です。「どんなクラスに育てたいか」「どんな子どもに育てたいか」という先生の願う方向に子どもたちを連れていくのではなく、「子どもたちと一緒に、どんなクラスをつくりたいか」「一緒にどんなふうに育っていきたいか」を子どもたちと一緒に考える。そんな発想の転換が必要です。

阿部 確かにそう思います。

ちょん この章では前田さんが、学級開きに関わるファシリテーション

技術を提案しています。インストラクションでは、先生が教室には多様な友達がいる具体例をあげ、子どもたちが「自分もこのクラスの一員である」と居場所を感じるように語りかけています（インストラクションによるホールド）。そして、失敗や間違いもしながら一緒に！と呼びかけた後、子どもたちによる自己紹介と対話が展開されます。時間にして15分程度でしょうか。説明だけではなく、実際の活動として「一緒にやっていく」小さな体験を学級スタート時から積み重ねていきます。

阿部　学級開きに関しては、「黄金の三日間」*5という言葉がよく使われました。この言葉を使う教師によっては、教師が規律やルールの定着を目指すことに加えて、子どもたちを教師の支配下に置くための３日間という色合いで考えている人もいるようです。前年度学級崩壊させてしまった先生や経験の浅い先生からすると、学級始めに、子どものワサワサザワザワが気になって、どうにかさせたいと思ってしまう気持ちはわかります。だからといって、子どもたちをコントロールしたいという気持ちになってしまうのは残念ですね。

ちょん　特に学級崩壊を経験した学年では、先生も子どもも保護者も「また崩壊したらどうしよう」という不安や心配を意識、無意識のうちに抱えています。だから、余計に規律やルールの定着を厳しく求めることになります。しかし、学級崩壊の多くは授業中の「待たされ時間の積み重ね」によって、学習意欲をもつ子たちが教室で学ぶことへの信頼を失ったときに起こる現象です。それらは先生のインストラクションを明確にする、問いだてを吟味する、アセスメントを丁寧に行うことで解決されていきます。また、積極的に子どもたちが活躍できる場面をたくさん準備し、先生や友達から「ありがとう」と互いに感謝し合う関係をベースにすることも大切です。そのためには「この子（たち）にはできない」という子ども観を「子どもは本来、力をもつ存在であり、その力を発揮することにわたしは貢献できる」とマインドセットできるような体験を先生自身がたくさん経験することが必要です。

インストラクション
初めての学校探検、指示をきちんと届けたい

こんなとき、どうする❓

　小学1年生。初めての学校探検です。子どもたちは楽しみにしていますが、気持ちが高ぶって指示が通りにくいです。他の学年は学習をしているので騒がないか心配です。また、列をはみ出して自分の気になるところに行ってしまう子もいます。どうしたらいいでしょうか。

ファシリテーターならこうする❗

　指示が通りにくいときは、インストラクションの工夫をします。

　「皆さん、今日は小学校を探検します。今まで、教室や体育館は使ってきましたが、他にどんな場所があるのか楽しみですね。これまで皆さんが過ごしてきた幼稚園やこども園、保育所にもいろいろな場所があったと思います。そこには、どんな人がいましたか。

　うん、うん、なるほどね。たくさんの友達や先生がいたんですね。今日は、小学校にどんな場所があるのか。どんな人がいるのか。みんなで探検に行きましょう。不思議だなと思うこと、おもしろそうだなと思うことをたくさん見つけましょう。そして、教室に帰ってきたらカードに見つけたものの絵を描きます。

　2つチャレンジがあります。1つ目は、授業中は静かに歩きましょう！ 2つ目は、休み時間に人に出会ったら、その人がうれしくなるような挨拶をしましょう。それでは、出発します。」

ここがポイント ！

①ノイズのないシンプルなインストラクションを心がけます。
②子どもたちのこれまでの経験とつながるような例を示します。
③伝えたいことを切り分けて、わかりやすく伝えます。

よくある失敗例

　「皆さん、今日は小学校を探検します。えっと、小学校には、皆さんが使ってきた教室や体育館だけでなく、理科室とか、保健室とか、あとは音楽室とか、図書室とか、いろいろな場所があるので、ちゃんと見てくるようにしましょう。それと小学校には、2〜6年生や先生などたくさんの人がいるので、迷惑にならないようにしてくださいね。もう1つ、廊下は歩いてください。昨日の休み時間にも走っている子がいて、危なかったですよ。あっ、言い忘れていましたが、廊下で人に会ったら、『おはようございます』ってしっかり挨拶をしてください。挨拶することはとても大切ですからね。先生の話がしっかりと聞けたと思うので、楽しい学校探検をしましょう。それでは、出発します。」

解説

　小学校に入学したばかりの1年生は、ワクワクした楽しみな気持ちをもっている子もいれば、これまでの環境との違いから少し不安な気持ちを抱えて学校生活を送っている子もいます。
　「ファシリテーターならこうする！」では、これまでの経験とつなげながら、小学校の環境に慣れることができるように配慮しています。
　しかし、よくある失敗例では、「えっと」や「あっ」などのノイズによって、指示が聞き取りにくくなっています。あわせて、先生から示された多くの指示をしっかりと守ることが求められています。これから始まる学校探検に、ワクワクした楽しみな気持ちや、安心感が高まるようなインストラクションを大切にしていきましょう。　　　　　　　（甫仮直樹）

クエスチョン
落ち着かない学級を まとめたい

こんなとき、どうする？

　1年生が初めての学校探検から戻ってきました。子どもたちは、見つけたものや出会った人について口々につぶやいたり、話をしたりしています。全体的に落ち着かない雰囲気で、なかなかまとめることができません。どうしたらいいでしょうか。

ファシリテーターならこうする！

　たくさんの発見をして、子どもたちの心が動いているときは、まず、その気持ちをペアで伝え合ったり、絵を描くなどの表現活動につなげたりするのがおすすめです。問いで活動をつなぎ、ホワイトボード・ミーティング®質問の技を使って、深めていきます。

|活動①| 学校探検の感想を隣の友達と話してみよう
|活動②| 見つけたものや出会った人についてカードに絵を描いてみよう
|活動③| 一番話したいものを選ぼう
|活動④| 友達の話を聞いて、次回の学校探検のチャレンジを考えよう

　「皆さん、学校探検はどうでしたか？隣の友達とちょっと話してみましょう。『楽しかった』とか『ドキドキした』という声が聞こえてきて、私もうれしかったです。では、皆さんが見つけたものや出会った人について、どんどんカードに絵を描いてみましょう。では、描いたカードの中から、隣の友達に一番話したいものはありますか？うん、うん、〇〇さんは図書室のことを話したいんですね。そっかぁ、△△さんは保健室にいた先生のことを話したいんですね。じゃあ、隣の友達と絵を見せ合って、さらに

お話ししましょう。友達の話を聞いて、学校探検でもっとこんなことしたいなと思ったことはありますか？なるほど、〇〇さんは、好きな絵本を探しに行きたいんですね。△△さんは、保健室の先生がどんなことをしているのか見てみたいんですね。それでは、次回の学校探検では、皆さんがやってみたいと話してくれたことにチャレンジしていきましょう。」

ここがポイント！

①活動を振り返り、次の活動につながるように問いを投げかけます。
②発達段階に応じて、絵や言葉などで思いを表現する機会を設けます。
③問いに合わせて、個やペア、集団など形態を使い分けます。

よくある失敗例

　「皆さん、学校探検は楽しかったですね。皆さんが、学校探検で見つけたものや出会った人を教えてください。うん、うん、〇〇さんは図書室に絵本があるのを見つけたんですね。皆さんが通っていた幼稚園や保育所にもたくさんの絵本があったのを覚えていますか？今度、図書室で自分の好きな絵本を見つけてみてください。なるほど、△△さんは保健室で先生と出会ったんですね。保健室の先生は、6年生の怪我をした子どもに絆創膏を貼っていたのがわかりましたか？保健室の先生は、そういうお仕事をしているんですね。それでは、次回の学校探検では、今回行けなかった校長室や職員室にも行ってみましょう。」

解説

　先生が子どもたちの思考のプロセスを描く問い立てができていない場合は、思考のつながりが生まれなかったり、やらされている活動になったりしていきます。また、先生は子どもたちに一生懸命問いを投げかけるのですが、必然性のない問いになっていることがあります。子どもたちが活動をじっくりと振り返ったり、新たな思いや願いをもって次の活動につなげたりできるような問い立てを考えることが必要です。　（甫仮直樹）

アサガオの観察中、チョウが気になる子

こんなとき、どうする

　１年生がグラウンドで自分の育てているアサガオを観察しています。Ａさんは、飛んできたチョウに夢中になって追いかけてしまいました。それを見かけた子が「今は観察の時間だよ」「チョウのことは気にしないで」などと声をかけ、集中が途切れています。どうしたらいいでしょうか。

ファシリテーターならこうする

　まずは、柔らかい口調で、「Ａさん、どうしたの？」と問いかけます。Ａさんは、「チョウが飛んできたから」と答えてくれました。「そうなんだ。チョウが好きなの？」と聞くと、「うん。チョウが何しているか見たかったんだ」と答えるＡさん。「じゃあ、先生と一緒に見てみようか」と言って、Ａさんとチョウを観察しました。（受け止める）Ａさんは、アサガオの花が咲くようになってから、チョウがたくさん飛んでくることを教えてくれました。Ａさんや周りにいる子どもたちに、「チョウは何で花の近くを飛んでいるのかな？」と問いかけました。すると、「花がきれいだから」「チョウは花の蜜を吸うんだよ」「アサガオの花の蜜を吸っているのかな？」などと問いを立てては、口々に答えていました。（問いを立て、子どもをつなぎ、対話を生み出す）「じゃあ、図書室に行って調べてみようか。チョウが好きなＡさんのおかげで、みんなで調べたいことが出てきたね」とＡさんに伝えます。また、他の子どもたちにも「Ａさんのこと気にかけてくれてありがとう。みんなもしたいことがあったらどんどん先生に言ってね」

と伝え、一緒に図書室へ向かいます。（学びを深める）

ここがポイント！

①子どもの思いや願いを捉え、強みを大切にします。
②アサガオの花とチョウの関係など、新たな問いにつなげます。
③柔らかな口調や態度で子どもと接します。

よくある失敗例

　Aさんは、周りの子の声かけを聞いて、少しムッとした表情をしていました。早くアサガオの観察をしてほしいと思っていた先生は、厳しい口調で「今はアサガオを観察する時間だから、チョウを見るのは止めてください。友達からも注意されたでしょ？」と伝えました。Aさんは何も答えません。周りの子からも「ほら、注意されたでしょ」「観察しないとダメなんだよ」と言われ、ますますAさんの表情は暗くなっていきました。

解説

　1年生の子どもたちは、活動の最中でも自分の興味や関心のある方向に意識が向いてしまう場面が数多くあります。だからこそ、子どもの行動の背景にある思いや願いを捉え、その子の強みを大切にしていきます。そのために、まずは柔らかな口調や態度で子どもと接しながら、その子が何を感じ、何を思っているのかを受け止めていきます。その子の思いや願いに寄り添いながら、新たな問いを見いだしたり、友達や次の活動につなげたりすることが必要です。一方で、先生が「早くアサガオの観察をしてほしい」「今はチョウを見るのではなくアサガオの観察をする時間だ」などの思いを強くもっていると、子どもが逸脱した行動をすると気になってしまい、厳しい口調や態度で子どもを注意することになります。そうすると子どもの学習への意欲が消沈し、せっかくの子どもの気づきを生かすことができず、新たな問いにつなげるチャンスを逃してしまいます。子どもの強みを大切にしながら、子どもと先生で共に活動をつくっていくことが重要です。　　（甫仮直樹）

子どもと先生でつくる 黒板メッセージ

こんなとき、どうする？

　１年生にとって初めての運動会。子どもたちが、うまくできるかどうか心配です。練習のときは、並ぶのが遅かったり、競技に参加しなかったりする子もいました。本番が不安です。どうしたらいいでしょうか。

ファシリテーターならこうする！

　登校してきた子どもたちが読めるように、黒板に先生からのメッセージを書いておきます。

　「おはようございます。いよいよ、はじめてのうんどうかいがはじまりますね。きょうまで、ときょうそうや、たまいれ、おうえんのれんしゅうをがんばってきましたね。せんせいも、みなさんのがんばりをずっとみてきました。だから、うんどうかいがたのしみです。きょうのうんどうかいでみなさんがたのしみなことや、がんばりたいことはなんですか？こくばんに、ことばやえでかいてみてください。」

　さっそく子どもたちは、黒板に玉入れや応援合戦の絵を描いたり、「ときょうそうで１いをとりたいです」などの思いを書いたりしました。黒板は、先生のメッセージとあわせて、子どもたちの楽しみなことや頑張りたいことで埋め尽くされていきました。朝の会では、先生のメッセージを改めて読み上げ、子どもたちが描いてくれた言葉や絵も紹介して、運動会への気持ちを高めていきます。

ここがポイント❗

①子どもたちに伝えたい先生の思いを書くことで可視化します。
②これまで子どもたちが頑張ってきた過程がわかるようなメッセージを心がけます。
③子どもたちが自分の思いも黒板に書き表せるようにします。

よくある失敗例

　運動会の当日、登校してきた子どもたちは黒板に書かれた先生からのメッセージを読みます。

　「おはようございます。いよいよ、はじめてのうんどうかいがはじまりますね。うんどうかいが9じにはじまるので、それまでにぜんいんトイレにいってきてください。トイレがおわったら、あかしろぼうしをかぶって、じぶんのせきにすわってまっていてください。きょうのうんどうかい、がんばりましょう。」

　さっそく子どもたちは、黒板に書かれた先生のメッセージの通り、トイレに行ったり、赤白帽子をかぶったりして運動会の準備を進めました。そして、教室に入ってきた先生と一緒に、運動会の開会式に向かって行きました。

解説

　1年生の子どもたちにとって運動会は、小学校に入学してからの大きな出来事の1つです。運動会に対して、多くの子どもが、ドキドキした気持ちやワクワクした気持ちをもっています。先生が、運動会に向けた子どもたちの頑張りなどを黒板に書いて可視化することで、そのようなドキドキした気持ちやワクワクした気持ちを認めていきます。さらに、子どもたち自身が楽しみなことや頑張りたいことを黒板に書くことで、子どもと先生でつくる黒板メッセージとなり、運動会に向けて1人ひとりの思いをより一層高めていくことができると考えます。　　（甫仮直樹）

夏休みの思い出をさまざまな隊形で楽しく語り合おう

こんなとき、どうする❓

　夏休み明け。久しぶりの学校に、1年生はドキドキしています。夏休みに楽しかったことやうれしかったことなどをクラスで発表してほしいのですが、手を挙げる子と挙げない子がいます。発言が苦手な子を待っていると時間がかかります。どうしたらいいでしょうか。

ファシリテーターならこうする❗

　フォーメーションを変えながら、クラスの一体感を大切にします。まずは、子どもたち1人ひとりが、夏休みに楽しかったことやうれしかったことなどをミニホワイトボードに絵や言葉で表します。次に、1人ひとりが書いたミニホワイトボードをもとに、ペアで思い出を語り合います。「ぼくは、夏休みに大きなプールに行ったことが楽しかったです」「私は、おじいちゃんとおばあちゃんの家に行ってセミを捕まえたことがうれしかったです」「友達と動画を見て楽しかったです」など、それぞれの思い出を隣の人に話していきます。

　最後に、黒板の前に子どもたち全員がシアター形式で集まります。1人ひとりが思い出を話した後には、質問＆感想タイムを取ります。「プールでどんな遊びをしたのですか？」「どうやってセミを捕まえたのですか？」などの質問に答えながら、友達との関わりを繰り返していきます。

ここがポイント❗

①ミニホワイトボードに書いて、全員が表現する機会をつくります。

②個人、ペア、学級全体などフォーメーションを変えながら、友達と繰り返し関われるようにします。

③質問＆感想タイムを取ることで、個人と全体をつなぎます。

よくある失敗例

「これから、夏休みに楽しかったことやうれしかったことをみんなの前で話してもらいます。皆さん、夏休みにたくさんの思い出ができたと思うので、手を挙げてどんどん話をしてください。友達の思い出をしっかり聞いて、質問や感想を言ってあげましょう」と子どもたちに声をかけました。「うん、うん、いっぱい思い出があるよ」とつぶやく子もいれば、「う〜ん、どうしようかなぁ」と悩んでいる子もいます。子どもたちは、順番に話し始めました。しかし、中には、ずっと手を挙げない子もいます。先生から、「〇〇さん、手を挙げてください」と注意されて、渋々手を挙げますが、思い出を話すときの声はとても弱々しいです。友達の夏休みの思い出にも興味や関心がないようです。

解説

子どもたちは、夏休みでリズムが崩れてしまったり、友達との関わりが薄くなったりすることがあります。夏休みの思い出を友達と語り合うことで、休み明けの緊張感をほぐしながら、クラスのリスタートをしましょう。その際、個人、ペア、学級全体などフォーメーションを変えることで、話すことへの抵抗感を減らしたり、集中して友達の話が聞けるようにしたりして、関わりが深まることを心がけます。発表するときには、シアター形式で友達が自分に興味、関心をもって聞いてくれるとうれしく感じます。先生が個人と全体をつないでいきます。

一方で、いきなり学級全体で思い出を語り合おうとすると、緊張感が高まってしまう子どももいます。そのような状態では逆効果になってしまう場合があります。子どもたちの様子を捉え、フォーメーションを変えていくことで、楽しみながら友達と関われるように配慮していきます。　（甫仮直樹）

1年間の自分の頑張りや成長を捉える

こんなとき、どうする❓

　1年生の2月。1年間の生活を振り返り、自分が頑張ってきたことやできるようになったことについて考えたいです。しかし、「頑張っていることは？」と聞いても、「ない」「わからない」「思い出せない」と言う子がいます。どうしたらいいでしょうか。

ファシリテーターならこうする❗

　4月当初より、子どもたちの1年間の成長を見通して、記録を残していきましょう。そのことが、年間を通じての子どもの頑張りや成長への価値のフィードバックにつながります。まずは、子どもたちが書きためたカードや作文シートを個人で見返したり、学級全体で活動の写真や動画を見たりして、小学校に入学してからの生活を振り返ります。そして、ペアで語り合い、自分の思い出ベスト3を決めます。たくさんの思い出からベスト3を選び出し、その理由を書くことで、その子なりの1年間の歩みの意味づけが生まれます。

　例えば、子どもたちは、「私は友達がたくさんできたよ。4月に学校に来るときには少し心配していたけど、今はもう大丈夫だよ」「ぼくはアサガオの水やりを頑張ったよ。水やりをしたからアサガオの花がいっぱい咲いたよ」などと書いていきます。最後に、自分の書いた思い出ベスト3をグループで発表します。発表後には、先生やグループの友達からメッセージカードをもらうことで、友達からも温かいフィードバックがもらえるようにします。

ここがポイント❗

①カードや作文シート、写真、動画などで生活を振り返ります。

②思い出ベスト3を選んで、自分自身で意味づけします。

③先生や友達からのメッセージカードでフィードバックを受け取ります。

よくある失敗例

　まず、子どもたちに、1年間の思い出を振り返ってカードに書くように伝えます。子どもたちは、1年前の自分や学校生活を具体的に思い出すことができず、「アサガオのことを書こうかな」「う〜ん、どんなことがあったかな」「忘れちゃった」などさまざまな反応をしています。

　カードを配って書く活動を始めると、自分で思い出を振り返ってスラスラと書く子もいますが、わからずに困っている子どもの姿も見られます。カードを書く手が止まっている子どもに対して、先生は、「しっかり思い出して書いてみましょう」「頑張ったことがいっぱいあったよね」などと声をかけていきます。しかし、子どもたち1人ひとりに対応することが多くなってしまい、どんどん活動の時間と先生や子どもたちの負担が増えていきます。

解説

　子どもの記憶や意欲に任せきりにしてしまうプログラムデザインでは、活動に対して困る子どもがいます。先生が「しっかり思い出して書いてみましょう」「頑張ったことがいっぱいあったよね」などと声をかけても、子どもたちが自ら活動に向かっていくことは難しいです。子ども自身が、「これならできそう」「やってみたい」という思いをもてるようなプログラムデザインが大切です。

　1年間の思い出を丁寧に振り返るプログラムデザインによって、自分の頑張ってきたことやできるようになったことについて考え、自分自身の変化を捉えることができると考えます。

（甫仮直樹）

「小学1年生」と
ファシリテーション技術

阿部　1年生は、小学校の文化や社会に初めて触れます。「学級開き」同様かそれ以上に、未知の世界に入るときの不安の解消と面白そうという期待を実現させていくことが大切だと思います。

ちょん　1年生の多くはやる気に満ち溢れています。自分が感じたこと、考えたことを伝えたい。挙手を求めると、たくさんの子どもが手をあげます。全員を当てることができれば良いけれど、時間の都合でそうもいかず、だんだんと手をあげなくなったり、あててないのに発言してしまったりしてルールを破ったと指導を受けることもあります。この溢れるばかりのやる気を冷やしてしまわないための工夫は、どうすればいいでしょうか。甫仮さんは、一見、落ち着かない学級の雰囲気を「子どもたちのやる気の表れ」とアセスメントして、まずは絵や友達とのペアでの対話で表現した後に、問いつないで思考や対話を深める方法を提案しています。この「まずは絵や対話で全員が表現する機会」を設けるのはとても大切で、ファシリテーションの基本です。

阿部　私が気になっているのは、1年生の子どもたちは、幼稚園や保育所では最年長だったのに、入学後、最年少になることです。先生によっては赤ちゃんのように扱う方がいます。1年生は、ここで一度、自分の立ち位置を考えることでしょう。子ども扱いされて乗っかる子もいれば、それに抵抗を示す子もいます。私は、幼稚園、保育所でやれてきたこと、やってきたことを認めて、伸ばしてあげられないかなと考えます。

ちょん　以前、『ちょんせいこのホワイトボード・ミーティング』（小学館、2015年）に小学1年生のファシリテーターの取り組みを紹介しました。

86

最初は、ミニホワイトボードに好きなことを思う存分に書く時間を設けて、その後、「ホワイトボード・ミーティング® 質問の技カード」にもチャレンジ。2学期にはクラス全員がファシリテーターになって話し合いを進めていました。その姿はホントにカッコ良かったです。1年生の皆さんから、担任の先生も私もたくさんのことを学びました。

阿部 小学校では先生のコントロール度合いが強くなる場面をよく見ます。幼稚園、保育所と小学校は違うことを必要以上に強調しているようにも感じます。その結果、学校に行くことを楽しみにしていた子どもたちの気持ちを沈めさせてしまい、1週間1ヵ月が過ぎる頃にはうつろな目をしている子どもたちの姿を目にすることがあって、残念に思うことがあります。入学式のときからわちゃわちゃした子どもたちと対面してしまい、どうしようかと不安から始まる先生もいるとは思うので、お気持ちは察しますが、ぜひ肯定的に受け止めるところから始めていきたいです。

「1年生の行事」に着目すると、幼稚園や保育所で主体的に動いてきた運動会や学芸会のようなものと接続しやすいですね。子どもたちの主体性を活かしやすいと考えます。第3章の座談会でも頻繁に登場してた言葉でもある「強み」を生かすことを取り入れて学校は楽しいと思ってもらえるようにしたいです。

ちょん 小学校と比べると自由な環境で伸び伸びと生活していた子どもたちが、入学した途端に45分間、1ヵ所に座り続けることを求められます。そのことで奪われてしまうのは阿部さんのご指摘の通り「活動的な時間」です。就学前に培った力を伸び伸びと生かすためにも、多様なフォーメーションをフレキシブルに活用する環境設定が大切です。小学校の学習スタイルが探究的な学びへと進む中で保育園や幼稚園、こども園と小学校の学びがうまく接続されることを目指していきたいです。

高学年として低学年と関わる価値を伝えたい

こんなとき、どうする？

　小学 5 年生の 6 月。これから始まる新体力テストで、高学年は低学年にやり方を教え、記録を測るという大切な役割があります。ところが 5 年生だけで集まったり喋り込んだり、何をしていいのかわからない 5 年生もいます。どうしたらいいでしょうか。

ファシリテーターならこうする！

　責任ある仕事も、5 年生がドキドキワクワクのチャレンジになるような、価値を伝えるインストラクションを心がけます。

　「来週は、新体力テストです。5 年生は、自分の記録を伸ばすことに加え、さらに大切な役割があります。2 年生のお手伝いです。記録を測り、良い記録を出すためのコツを教えます。2 年生はどんな気持ちで新体力テストをするでしょうか？

　『良い記録を出したい』『失敗したくない』など、期待と不安の両方の気持ちがありそうです。そんな 2 年生に直接教えることができる僕たちにできることはたくさんあります。

　優しいお兄さんお姉さんが笑顔で、『大丈夫だよ』って言ってくれたらすごく安心できると思いませんか？良い記録を出すコツを教えてもらったらうれしいですよね。本当に良い記録が出たらきっと跳び上がって喜んじゃいます！そういう姿を見たらうれしくなりそうです。

　では、どんな言葉かけや教え方をするのかを一緒に考えましょう。」

ここがポイント❗

① 2年生の気持ちを想起して、サポーティブな関わりをイメージします。
②具体的な関わり方や、うまくいったときの情景を共有します。
③責任感などのプレッシャーをかけ過ぎないようにします。

よくある失敗例

　「来週からの新体力テストでは、皆さんが良い記録を出すことはもちろんさらに大切な役割があります。2年生のお手伝いです。記録を測り、良い記録を出すためのコツをしっかりと教えなさい。低学年のお手伝いができて、立派な高学年と言えます。笑顔を忘れずに優しく教えてあげましょう。教え方のコツをしっかりと覚えて2年生が少しでも良い記録が出せるように頑張ってください。2年生が良い記録を出して喜べるのか、失敗して落ち込んでしまうかは皆さんに掛かっているので、高学年としての自覚と責任をもって取り組んでください。5年生で集まって話し込んだり、先生に何か言われるまで動けないような姿を2年生に見せないでください。」

解説 ⋯⋯⋯⋯⋯⋯⋯⋯⋯⋯⋯⋯⋯⋯⋯⋯⋯⋯⋯⋯⋯⋯⋯⋯⋯⋯⋯⋯⋯⋯

　高学年として初めて低学年と関わる経験を前に、子どもたちはドキドキワクワク、ソワソワしています。「ファシリテーターならこうする!」では、2年生の期待と不安の両方の気持ちを想像できるような言葉をかけ、「僕たちにできることはたくさんあります」と、成功したときのイメージも具体的に伝えることで、自分たちの役割の価値をしっかりと伝えています。比べて、残念なインストラクションは「高学年としての責任」を過度に伝えているため、不安が大きくなってしまいます。指示が多く、やらされ感の強いインストラクションとなっています。子どもたちのワクワク期待しているエネルギーに焦点を当てながら、「成功したらうれしい」「2年生に喜んでほしい」という価値を子どもたちが感じられるインストラクション（価値のインストラクション）を心がけます。（池谷裕次）

オープンクエスチョンと あいづちで振り返りを深める

こんなとき、どうする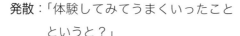

　２年生の新体力テストのお手伝いをするため、２年生役と教える役とに分かれ、交代で種目の教え方の練習を体験しました。しかし、うまくできていない子、振り返りが進まない子もいます。どうしたらいいでしょうか。

ファシリテーターならこうする

　ホワイトボード・ミーティング® の「発散」「収束」「活用」のそれぞれに問いを立て、オープンクエスチョンとあいづちを用いて子どもがペアで交代しながら振り返ります。

　　発散：「体験してみてうまくいったこと というと？」

　　収束：「良かったこと１つ・困ったこと１つはなんですか？」

　　活用：「本番にむけて工夫したいことを教えてください。」

〈対話の例〉『体験してみてうまくいったことは、どんな感じですか。』「自分が２年生役になって反復横跳びをしたとき、Ａさんが笑顔で目を見ながら『大丈夫だよ』と言ってくれて安心した。」『そうなんだ！というと？』「最初に跳ぶときに手を取って、『せーの』って合図をして一緒に跳んでくれたから、わかりやすくて安心したんだと思う。」『なるほど！もう少し詳しく教えてください。（エピソードまで聞く）』『良かったこと１つ、困ったこと１つを教えてください。』「良かったことは、その子をよく見て言葉かけや働きかけができたこと。困ったことは、つい表情

が固くなり顔が怖くなること。」『本番に向けて工夫したいことは？』「その子が良い記録を出せるように、その子に合ったスピードを考えて、たくさん応援してあげることかな。」

ここがポイント！

①「発散」では良かったところに焦点を当てた問いで振り返ります。
②自分や相手の良かったところを言語化します。
③ミニホワイトボードを使う場合は、写真を撮って画像を保存し、ポートフォリオにします。

よくある失敗例

　「今の体験を振り返って、本番どうするか考えてください。」Ａ「難しかったけど、なんとかなりそうだよね。あ、Ｂさん表情固いからもっと笑顔の方がいいよ。顔も見た方がいいかな、それから……」Ａさんが話しすぎるので、Ｂさんが意見を言えず、振り返りが深まりませんでした。

解説

　経験の中で感じることは、１人ひとり違います。ファシリテーターは子どもたちそれぞれの話したい気持ちを大事にしつつ、目的である「新体力テストのお手伝いの成功」に向け、段階的に問いを立てて、思考の方向性を示します。オープンクエスチョンを使うことで思考が深まり、またペアで時間ごとに交代して話すことでどちらも話したいことをしっかりと話すことができます。

　比べて、残念な問い立ては振り返りの焦点がなく、段階も踏んでいないため、深まりません。また、課題点に注目し過ぎて、子どもたちの意欲を削いでしまう可能性もあります。加えて話す順番を決めないため、一方的な話になって、話せずに終わる人が出てくるかもしれません。問いは１つで良いときもあれば、段階が必要なときもあります。子どもたちの実態と目的をつなげるために、問いにこだわってみましょう。　（池谷裕次）

言葉が強くなったり、けんかが出始めたとき

こんなとき、どうする❓

　5月半ばの5年生。4月に比べて、1人ひとりの言葉が強くなってきました。大きな声でふざけたり、ときに相手を馬鹿にしたりするような発言も会話の中で聞こえてきます。「先生、〇〇と△△がけんかしています。」などの報告も多くて困っています。どうしたらいいでしょうか。

ファシリテーターならこうする❗

　4月の最初に比べて、トラブルが多くなるのは、人間関係が一歩前進したからこそ起こることであることが多いです。ファシリテーターとして人間関係の構築に対しての指標をもっていることで、起きている事象を冷静に捉えられます。以下のタックマンモデルはチームの発達段階の指標として用いられるものです。(ブルース・W・タックマン1965[*6])

　第1段階　フォーミング（形成期）：チームが形成される時期
　第2段階　ストーミング（混乱期）：互いの主張がぶつかり合う時期
　第3段階　ノーミング（統一期）：共通の規範が形成される時期
　第4段階　パフォーミング（機能期）：チームとして成果を出せる時期
　トラブルが起き始めたのは、第2段階のストーミングになり、お互いが意見を言えるようになったからこそぶつかり合う状況になったのだと捉え、子どもたちには以下のように伝えます。「最近、クラスの中で相手に対しての強い言葉や、ちょっとした言い合いが増えてきたように感じています。これは実は、クラスの人間関係が一歩前進したから起きる

んですよね。普通は見ず知らずの道行く人と口げんかはしません。けんかは、『自分をわかって欲しい』から起こります。タックマンという人は、チームには発達段階があることを提唱しています。さらにたくさんコミュニケーションをとっていって、クラスを前進させていきたいですね。」

ここがポイント！

①ネガティブな行動を翻訳するための指標をもちます。

②目指したい姿を見通して、ポジティブにフィードバックします。

③特定の子の行動や教師の態度がその他の子に不安を与え、不穏な行動を生んでいないかなどの見極めが大事です。

よくある失敗例

　「最近けんかや友達に対する心ない言葉を多く聞くようになりました。昨日は給食の準備のときに給食当番さんに『早くしてよ』という声がありました。今日も休み時間に男子の一部が大声で汚い言葉を使っていました。担任として悲しいです。クラス目標で『思いやりをもつ』と決めたのは嘘だったのですか？自分たちの生活をもう一度見つめ直してください。」

解説 ....

　上手な例では、ファシリテーターは指標をもとに目の前で起きているネガティブに捉えられる事象も、人間関係の前進と捉えてポジティブに翻訳しています。そして子どもたち自身に客観的にフィードバックし、「トラブルが起き始めた自分たちのクラス」を「人間関係が前進して主張が出始めたクラス」とリフレーミングしています。子どもたちの行動を否定せずに、今後どうしていけばいいのかを考える機会を提示します。残念な例では子どもたちのネガティブな行動を「額面通り」に受け取り、不安を大きくするような指導をしています。またクラス全体に失敗体験を可聴化して残してしまいます。冷静に子どもたちの様子を捉え、適切に介入をする／しないの判断をしましょう。

（池谷裕次）

学級会の話合い活動を 活発にしたい

こんなとき、どうする？

　小学5年生。クラスで「仲良くなろう会」を企画する学級会を開きました。いくつかの案の中で活動は「ドッジボール」と「けいどろ」に絞られましたが、意見は決まった子が言うばかりで他の子はだまったままです。みんなの意見で決めたいのですが、どうしたらいいでしょうか。

ファシリテーターならこうする！

　前日までに「仲良くなろう会」の概要を子どもたちに伝えます。日時、形式、方法など。子どもたちがイメージをもった上で、「自分の意見」を（学級会）ノートに書いておきます。大切なのは、ドキドキワクワクしながら考えることです。可能であれば事前に意見を集めておき、学級会が始まる前に司会の子どもが黒板に書き出しておきます。主な意見を表示するラミネート短冊の使用もおすすめです。みんなで学級会のめあてを共有した後は、全員が賛成の意見に自分の名前磁石を貼ります。ここから学級会の話し合いを始めます。

　まずは、黒板に可視化された意見を眺めながら、ペアで意見を聞き合って話し合いのウォーミングアップをします。その後、司会の子どもが意見を聞きます。「休み時間は短いので、いっぱいやりたいです」「トーナメント方式にして優勝を決めたいです」「ボールが当たると痛いから反対です」「上手な子だけしか楽しめないので反対です」などの意見が出ました。出てきた意見も黒板にすべて可視化します。挙手をしない人も2、3人当てて、意見を言ってもらうのもいいでしょう。「それでは、今の反対や心配

な意見への解決策をグループで話し合いましょう」と司会が聞きます。「ボールを2つにすればたくさんの人が活躍できると思います」「めあてが『みんなと仲良くなる』ことなので、ボールを投げていない人に譲るようにお互いに声掛けをすればいいと思います」という考えも出てきました。このようなプロセスを経て、みんなの意見で合意形成へと進みます。

ここがポイント❗

①事前に概要と求める意見（見通し）子どもたちに伝えておきます。
②黒板に磁石などで意見や全体像を可視化して始めます。
③議論に時間をたくさん使います。反対や心配な意見も理由をしっかりと聞くことで解決策を提案でき、議論が深まります。

よくある失敗例

　発言をする人が決まってしまい、「けいどろ」と「ドッジボール」に賛成が数票入っているだけで話し合いが停滞しています。
　「さっきから同じ人ばかりが意見をしていて、黙っている人がいます。これでは話し合いになりません。自分たちで楽しめるように考えて、仲を深める会です。もう高学年なんですから、人任せにせず、しっかりと自分たちで意見を言って、話し合いを進めてください。まだ意見を言っていない人は立ってください。順番に意見と理由を言ってください。」

解説

　クラスで意見を安心して言える友達関係がないと、大多数の子が意見や理由を言えないまま時間が過ぎてしまうことがあります。1人ひとりの参加度を高めるために、ペアやグループを活用しましょう。
　みんなの意見を事前に集めて、黒板に可視化するところから始めると、議論の焦点が明確になり、子どもたちも意見を考えやすくなります。限られた時間の中で納得感を高めるために、グラフィックとソフィニケーションを活用することは、とても大切です。

（池谷裕次）

フォーメーション

マッピングで 読書パートナーを決めよう

こんなとき、どうする

　読書が得意な子も苦手な子もいる5年生。苦手な子は読書の時間も、なかなか読む楽しさに気づけません。映画やテレビを見た後のように、本を楽しみ、仲間と語り合うことで、読むことの楽しさを感じられるようにしたいのですが……。どうしたらいいでしょうか。

ファシリテーターならこうする！

1．マッピング

　以下の手順で子どもたちの読みの特徴を可視化します。

① 黒板に縦横2軸の線を十字に引き、4象限のエリアを作ります。

② それぞれの軸は縦「本を読むのが得意ー不得意」、横「本を読むのが好きー好きじゃない」とします。

③ 子どもたちに、読書に対する得意不得意・好き苦手について考えてもらい、4象限における自分の位置にネームプレートを貼り付けます。

2．パートナー決め

　マッピングをもとに、クラスの実態に合わせてペアを決めます。

（例）・ネームプレートの近い子同士。読みの特徴が似ている子で、読書が好きな子同士や、真ん中辺に貼っている中位層の子同士。・読む本のジャンルや興味関心が似ている子同士。

〈本を読むのが苦手な子に対して〉

　人間関係と読みの特徴に配慮して決めます。読みの特徴は、その子より少し得意な子と組むなど、大きく開きすぎないようにします。

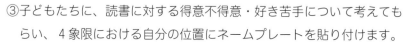

（例）・好きなジャンルの子同士。・同じスポーツが好きだったり、習い事をしている子同士。・仲が良く、読書をしっかり進めてくれる子と組む。

3．読書活動

　パートナー同士で交流しながら読書を進めます。以下は活動例です。

・読書の時間の最後に、今自分が読んでいる本のことを紹介する。

・同じ本を、同じペースで読んで感想を共有する。

・一緒に本を選んだり、おすすめの本を紹介し合う。

ここがポイント！

①ある程度、子どもたちの読書量・好きなジャンル・習い事・人間関係などが掴めてきてから行います。

②子どもたちの自己評価にはズレがあるので、教師のアセスメントも大切にして決めます。

③パートナーで読書の交流活動をする時間を取ります。

よくある失敗例

・子どもたちに任せて、ただ仲のいい子同士で組む。

・席が近い子同士で交流活動を行う。　・そもそも交流活動を行わない。

解説

　読書の時間を取るだけでは、苦手な子が読書に興味をもつようにはなりません。読む楽しさを共感できる仲間をつくることで、読書への興味を喚起し、交流活動を通してお互いの読み方をモニタリングする機会をつくります。「失敗例」のように、ただ仲がいいだけでペアを組むと、あまり読書が好きではないペアは、読まずにおしゃべりで終わってしまいます。また、パートナーを組むだけでは十分ではなく、継続的にそれぞれのペアの活動を教師がアセスメントし、必要な支援をしていきます。より詳しく読書指導について知りたい方は『読書家の時間【実践編】』（プロジェクトワークショップ編、新評論）などの図書を参考にしてください。（池谷裕次）

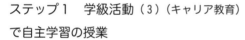

プログラムデザイン

自主学習の質をあげたい

こんなとき、どうする

　家庭学習として自主学習を出していますが、内容は漢字や計算などあまり考えずにできることをただやっているだけになっている子が多く、あまり手応えを感じません。どうしたら子どもたちが自主学習に楽しんで取り組めるようになるのでしょうか。

ファシリテーターならこうする

　次の4つのステップで子どもたちが自主学習をする価値を感じ、わくわくドキドキのチャレンジとなるようにして習慣化を目指します。

ステップ1　学級活動（3）（キャリア教育）で自主学習の授業

①以下のような価値のインストラクションを行います。

・自分で考えて学習する習慣が身につくこと。

・メジャーリーガーの大谷翔平選手や卓球の伊藤美誠選手など、スポーツで活躍する人も自分でノートをつけていた。

・自主学習をすることで、夢を叶える力をつけられるかもしれない。

②頑張っている子のノートなど自主学習のモデルを示します。

③好きなことに取り組む「わくわくメニュー」と、苦手なことやテストに向けて取り組む「ばっちりメニュー」があることを伝えます[*7]。

④実際に授業時間内で自主学習に取り組む時間を取ります。

⑤自主学習の仕方を友達と振り返り、家でもチャレンジします。

ステップ2　帰る前の10分間を自学に取り組む時間にする

自主学習に取り組む日を決め、帰る前の10分間を自主学習をする時間にします。ペアを作り、相談しながら取り組むこともあります。

ステップ3　取り組んできたノートを見合って交流する

　自主学習に取り組んできた日に、隣の人とノートを交換したり、朝の会でランダムに自主学習ノートを配ったりしてコメントをし合います。また、机の上にノートを置いて、自由に歩いてノートを見合い、頑張った子のノートにシールを貼り合う活動を定期的に行います。

ステップ4　自主学習への取り組みを振り返る

　1週間や1ヵ月など、定期的に自主学習を振り返る時間を作ります。

ここがポイント！

①自主学習の価値を伝えてわくわくドキドキのチャレンジにします。
②友達との交流を通して、主体的・対話的で深い学びを目指します。
③ルーティーンを決めて行うことで習慣化を目指します。

よくある失敗例

・自主学習を宿題として出すだけで、何も支援をしない。
・ノートの出来に対して教師が一方的に ABC の評価をつける。

解説

　失敗例では自主学習の価値を子どもたちが感じないままに取り組ませ、ノートの出来に対して教師が一方的に ABC などの評価をつけて返しています。基準が明確なら A に向けて頑張る子もいますが、C ばかりもらう子はどうすればいいかわからず、自信をなくしていき、できる子とできない子の二極化が進んでしまいます。提案では、自主学習の価値をしっかり子どもたちに伝え、どんな取り組み方をすれば OK なのか見通しをもてるようにします。そして子どもたち同士の交流で、お互いのフィードバックが自然に生まれ、友達と一緒に取り組む楽しさもあり、子どもたちは自分で学んでいくことを楽しむようになっていきます。（池谷裕次）

「5年生の日常」と
ファシリテーション技術

阿部 池谷さんの原稿では、5年生の「日常の学級生活」が描かれています。日常において、どのようにファシリテーションを進めるのか、読者自身が担任されている日常の学級生活に、学年関係なく引き寄せて考えてもらえたらいいと思います。

　とは言いながらも詳しく読むと、5年生という高学年だからこその特徴を捉えて書かれている具体的な描写もありますので、5年生独自の出来事に対するファシリテーションの進め方という視点で読まれるのもいいですね。「日常」という視点から見ていくと、学級の中で1人ひとりの居心地の良さをどのようにして保障していくかということに、池谷さんは気を使っているのだなとわかります。

ちょん 居心地の良い日常は困難なチャレンジを応援してくれます。

阿部 毎日、自分の教室、そして、座席に当たり前にいられること、学校に行くこと、学級にいることが苦ではなく、楽しみである日常を日々展開できるように工夫していくことが大切だと思いました。

ちょん 授業や学級が楽しいことが、まず、ベースですよね。

阿部 それに加えて、日常の中で子どもたちがやりたいことを認めてもらえる、子どもたちのやりたいことができる環境をつくるということですね。つまり、教室をお互いにエンパワーメントしあえる空間にしようとしていることを感じます。5年生独自の部分を切り取るなら、高学年の自覚を養うことに気配りして日常を過ごそうとしていることの大切さに気づきます。

ちょん 5年生は、関係がグッと深まる時期ですよね。

阿部　ですよね。

ちょん　池谷さんの読書パートナーでは4象限によるマッピングで自分の読書の特徴を可視化してクラスみんなで共有し、ペアで読書を進める取り組みが紹介されています。友達と一緒に物語の世界を旅することは、思春期のさしかかりにいる5年生の子どもたちにとって、知的で楽しい冒険です。このように学習のめあてや進め方、教科によって、多様なペアやグループに日常的に所属することで、大人が想像し得ない組み合わせが思わぬ力を発揮することもあります。そうした場面に出くわすと、つくづく大人の思い込みを外すことの大切さに気づきます。

　こうした活動の積み重ねが協働的な学びと個別最適な学びを促進します。

阿部　はい。あえて5年生や高学年だからこそ、という部分に焦点を当てて池谷さんの原稿を読んでいくと2つのことが印象的です。

　1つ目は、話し合いなどで空中戦にならないように書きながら、可視化しながら話し合っているところです。もちろん、下学年でも練習によってできることとは思います。可視化によって効率的、そして論理的に話し合いを進められます。

　2つ目は、子どもたちの間にゴタゴタが起きて、互いにネガティブな関係になりそうなときに「タックマンモデル」という情報や知識を子どもたちに伝えているところです。今の自分たちの現状を確認し、情報や知識を指標として、自分たちで自己選択、自己決定を通して進めることができる5年生という高学年だからこその実践ですね。

ちょん　メタ認知ですね。子どもたち自身が自分や学級を評価、分析、翻訳する方法を身につけて、現在地と目指すゴールへの距離を測りながら進めるようになると、より自走的な活動へとつながっていきます。池谷さんも書いている通り、子どもたちの自己評価はズレを感じるときがあり、特に初期はそうなりがちですが、何回か（数単元を）チャレンジを繰り返すうちにだんだんと合ってくるようになります。

> インストラクション
>
> # 2学期後半、大きな行事の後にかける言葉

こんなとき、どうする❓

　小学4年生。2学期の後半になりました。運動会や学習発表会などの行事を乗り越え、子どもたちの成長が随所に見られる反面、行事の後には授業中の私語が増えるなど、気の緩みが目につきます。朝の会で、意欲的なスタートを切りたいのですが、どうしたらいいでしょうか。

ファシリテーターならこうする❗

　大きな行事の後は、張り詰めた気持ちを緩めることも大切です。それを認めつつ、前向きなフィードバックを心がけます。

　「おはようございます。実は、昨日の算数の時間にすごくうれしいことがありました。考えをペアで交流したとき、体を隣に向けて話す人、ノートを指差しながら説明している人、柔らかな声で話している人がいました。『そんなこと普通だよ』と思う人もいるかもしれません。でも、4月頃は、『さあ、隣の人に自分の考えを伝えましょう』と言ってもなかなか話し始められない人、相手の方を見ないで小さな声で話す人、反対に大きな声でずっと話し続けている人もいたんですよね。これってすごい成長です。運動会を越えて、よりグン！と成長しました。

　今日も楽しく、そして真剣に、仲間と一緒に学んで行きましょう。」

ここがポイント❗

①日々の生活の中で子ども自身も気づいていないような、小さくても大

102

切な成長をフィードバックします。

②具体的なエピソードを例に挙げます。

③ネガティブなフィードバックは、できるだけしないようにします。

よくある失敗例

　毎日一緒に過ごす担任は、「こうなってほしい」という願いからできていないことが気になるものです。「ちゃんとさせなきゃ」「隣のクラスはできているのに」などの不安があると、つい課題を指摘しがちです。

　「おはようございます。声が小さい、もう一度。おはようございます。なんだか最近あいさつの声が小さいなあ。運動会ではあんなに頑張っていたのに。あんなに声を出していたのに。普段の授業でまた声が小さくなるのは、一体、何を学んだのですか。きちんとできている人がいても『４年○組はダメだ』と言われてしまうから、ちゃんとしましょう。」

解説

　学校はとても忙しくて、大きな行事が終わっても、また次々と行事が続きます。子どもたちが「少し、ホッとしたい」と思っても、そんな暇もないのが実情です。子どもたちがダレているように見えると、担任が焦ってダメなところばかり指摘する悪循環に陥ります。「どうせ、私たちなんて……」と、クラスの雰囲気がどんよりしてしまいます。

　同じ課題に取り組むにしても、先生が発する言葉によってクラスの雰囲気は随分と変わります。

　子どもたちは日々成長しています。１学期に比べて「できるようになったこと」「普通にできていること」も必ずあります。大きな行事を乗り越えたときだからこそ、子ども自身も気づいていないような成長や、素敵なところを意識的に伝えましょう。子どもたちが「よし、今日も頑張るぞ！」と思えるようなインストラクションを心がけます。

（久保田比路美）

クエスチョン

明るく楽しいエピソードが出てくる問いで聞き合う

こんなとき、どうする❓

週に1度、「ホワイトボード・ミーティング®質問の技カード」を使ってペアで聞き合う練習を続けています。今日の問いは「算数の時間を振り返る」でしたが、「エピソードなんてない！」と、話をしない子が何人もいました。どうしたらいいでしょうか。

ファシリテーターならこうする❗

聞き合う練習は、初めは質より量を大切にします。最初は上手にできない子も、ペアを変えて（ペアの片方の列が1つずつ後ろの席に移動すると良いです）何度も繰り返し練習すると、どんどん上手になります。まずは、明るくて、楽しい話題（問い）で練習を積み重ねます。

〈おすすめの問い立て〉

・好きな食べ物というと？

・好きな遊びというと？

・お休みの日、どうだった？

・最近頑張っていることというと？

ここがポイント❗

①対話の練習は、最初は質より量を大切にします。

②初期の頃は、明るく楽しい、子どもたちがエピソードを話したくなる問い立てをします。

③エピソードのモデルをたくさん見られるようにします。

よくある失敗例

　音楽の授業で専科の先生から叱られたことを反省してほしいという気持ちから、「今日の音楽の授業を振り返る」という問いを立てました。子どもたちは話せば話すほど「○○くんが、うるさくしたから……」「先生も言い過ぎだよ。だって……」と、マイナスな言葉が飛び交います。教室の空気がますますどんより。

　「ちゃんと聞きなさい」「話しなさい」と声を掛けるほど、表情は固くなり口を閉ざしてしまいます。

解説

　先生が「振り返らせたい（反省を促したい）」問い立ては、子どもの「楽しかった」「またやりたい」という前向きな気持ちを削いでしまうことも少なくありません。

　子どもたちの関係性が深まるまでは、軽くて楽しいエピソードが出てくる問いで繰り返し練習します。特に、好きなこと（もの）や楽しかったこと、得意なことをテーマにすると、子どもたちの話したい気持ちがアップします。楽しいエピソード満載でうれしそうに話す姿がたくさん見られると、教室の雰囲気がぐっと柔らかくなります。

　話すことに慣れていないときは、子どもたちが質問し、先生が楽しいエピソードを話して見せます。「休日に部屋の掃除をすみずみまでしたら、気分が良くなって、いつの間にか鼻歌を歌っていた」「大好きなホットケーキを焼いたら、家族に大人気。ほとんど食べられてしまったので、次はもっと大きいホットケーキを焼こうと思っている」など、楽しい情景が浮かぶエピソードを話し、子どもたちがエピソードの体感を積み重ねます。まだ慣れていないときに話しづらい問い立てをすると、エピソードがうまく話せず、教室の空気が重くなるので注意が必要です。

　最初はなかなか話せない子も、繰り返し練習をしているうちに話せるようになっていくので、焦らず、安定的に見守りましょう。　　（久保田比路美）

第2章　実践！ ファシリテーション6つの技術を活かした学級経営　105

休み時間、
突然暴れ出した子

こんなとき、どうする❓

　小学4年生。休み時間にクラスの子どもが「先生、大変です。A君が教室で暴れています！」と職員室に知らせに来ました。駆けつけると、A君がランドセルを踏みつけながら「死ね！」と絶叫しています……。

ファシリテーターならこうする❗

　まず、落ち着いた声で「A君何かあったの？」とたずねます。A君は一言「Bがムカつく！」。「僕はAにランドセルを片付けろって言っただけなんです！」とB君。周りの友達も「そうだよな」と同調します。「そうなんだね。A君の気持ちが落ち着いたらよく聞いてみるね」とだけ伝えます。床に座り込んだA君に「良かったら後で話を聞かせてね。落ち着いたら席に戻っておいで」と声をかけ、いつも通り授業を始めます。少し経って自分の席に戻れたA君に目が合った瞬間に笑顔でうなずいて「OK」サインを送ります。落ち着いてから昼休みに話を聞いてみると、「低学年の頃にB君から何度も意地悪をされた。注意されて嫌な気持ちを思い出してしまった」とのこと。自分の気持ちを話せたこと、殴りかかりたい気持ちを我慢していたことを認めた上で「また強く注意されたらどうしようか」と聞くと、「今度は、強く言わないでと言ってみる」とA君。B君には注意をしてくれたことへの「感謝」を述べた後に「今は気になることはあっても、A君の調子が良くないので、そっと見守ってほしい」と伝えます。翌日、学級全体にA君が一生懸命我慢していたことや強く言われて悲しかったとい

う思い、お互いに穏やかに話そうということを伝えます。

ここがポイント❗

①学級にトラブルはつきもの。落ち着いて状況を見ます。
②危険がなければ、声を荒げたり力づくで止めたりしないようにします。
③不穏な行動の裏には、必ず理由があることを意識します。

よくある失敗例

　暴れているA君に「何をしているの！やめなさい！」と言って力づくで制止します。B君の「注意しただけです」という証言や目撃者の言葉から判断し、「自分が悪いんでしょう。早く片付けなさい！」と注意します。「Bがムカつく！死ね！」と繰り返すA君に「友達に死ねなんて言葉を使ってはいけません。そもそも、あなたがランドセルを片付けなかったことがいけないんでしょう」と言い聞かせます。しかし、なかなか席に戻ろうとしないので「早く席に着きなさい。勉強する気がないなら出て行きなさい！」とさらに厳しく指導します。

解説 ......

　教室には、感情のコントロールが苦手な子やこれまでの人間関係を引きずっている子もいます。トラブルが起こると子どもも先生も心が揺れるもの。そんなときこそニュートラルポジションを意識して状況をアセスメント。危険があるときは制止や強い指導が必要なこともありますが、そうでなければ気持ちが落ち着くのを待ちます。周囲の子どもたちの学習する権利を保障しつつ、集団から離れている子にも視線を送って「待っているよ」のサインを出し続けます。戻れたらそうっとOKサイン。暴言や暴力にも必ず理由があります。気持ちを受け止めてから次はどうしたいかを一緒に考えましょう。判断を急ぎ強い指導や見捨てるような言葉がけをすると、自分で乗り越えようとする力を削いでしまうだけでなく、子どもたちの成長のチャンスも奪ってしまいます。　（久保田比路美）

グラフィック＆ソニフィケーション
係仕事を忘れてしまう子への可視化

こんなとき、どうする❓

　小学4年生。最近黒板係が仕事を忘れ、指導してもなかなか改善されません。「明日からちゃんとする」と約束をしますが、次の日はまた同じことの繰り返しです。子どもたちが「やる気モード」になるためには、もっときつく叱るべきでしょうか。

ファシリテーターならこうする❗

　休み時間や給食前など、隙間の時間に黒板係の2人にオープン・クエスチョンで聞きながらホワイトボードに書いていきます。

担任：最近の黒板係の仕事は、どんな感じですか。

A君：つい忘れちゃいます。

担任：うんうん。というと？

A君：休み時間に黒板を写している子がいるから、あとから消そうと思っているけど、サッカーから戻ってくると忘れているっていうか。

担任：そうなんだ。もう少し詳しく教えてください。

B君：いろいろしているうちにチャイムが鳴っちゃうんですよ。

担任：なるほど、なるほど、何かエピソードはある？

A君：今日は気づいたら授業まであと2分になって、慌てて水を飲んで、算数の準備をしてたらチャイムが鳴っちゃったんです……。

担任：なるほど、良かったこと、困っていることを教えてくれる？

A君：良かったところは、一応「消そう」としているところ、かな？

B君：困っているのは、ぎりぎりまでサッカーしたいこと

担任：そっかぁ。（赤のマーカーで線を引く）じゃあ、これから、黒板係としてどうしたい？　どうなったらいいと思う？

B君：遊びに行く前に消せるようにしたいよな。

A君：消せなかったときは、予鈴が鳴ったら急いで教室に戻る。（青のマーカーで書く）

担任：うんうん。休み時間の最初に仕事をする。消せないときは予鈴が鳴ったらすぐに戻って仕事をする。でいい？

A君、B君：はい！

担任：よし。今日からチャレンジしてみようね。応援しているよ。

ここがポイント❗

①担任が話すよりも、子どもの話を聞き、自分で答えを見つけることを大切にします。

②「～かな」「～で……」などの細かな文末表現もそのまま書きます。

③書いたものを見ながら、次の一歩を考えられるようにします。

よくある失敗例

　黒板係に「どうして係の仕事をやらないの！」と問い詰めます。「つい、忘れちゃって」と言う彼らに、「毎日毎日、同じことで注意されて、それでいいと思っているの！」ときつく叱ります。子どもたちは「すみません」と返事はしたものの、少し不満そうな顔をしています。

解説

　何度指導しても改善されないと、きつく叱りたくなってしまいます。けれど、本当はその子自身もどうしたら良いのかがわからず困っていることも多いもの。そんなときは、子ども自身が話したことをすべて書いて可視化し、俯瞰して見る手助けをします。良いところと困ったところに気づくと、自然と次の一歩が見えてきます。たとえ最後は同じ結論になるとしても、自己選択・自己決定があることが大切です。　（久保田比路美）

フォーメーション

机の高さを揃えることが大前提

こんなとき、どうする

　4年生がスタートして2週間。ペアの活動に慣れてきたので、4人グループの活動時間を増やしました。ところが、ケンカになったり、作業を1人で全部やってしまう子がいたりして、なんだか残念な活動になってしまいます。どうしたらいいでしょうか。

ファシリテーターならこうする

　教室の机をすべて同じ高さに揃えてみましょう。ペアやグループでの活動が、かなりスムーズになります。

〈机の高さを揃えるメリット〉

・2つの机をつけて1冊の本を2人で見るとき、本を机と机のちょうど真ん中に置けて見やすい。

・4人の机をつけてカード遊びをするとき、カードの「並べやすさ」「見えやすさ」が全員平等になり取り組みやすい。

・画用紙や模造紙を広げて作業するとき、高さが同じことでスペースが広くなり、作業がしやすい。

　作業台として、遊ぶためのテーブルとして、フラットだから真ん中にも物が置きやすく広いスペースが確保されることで、余計なストレスやケンカが圧倒的に少なくなります。

ここがポイント

①机をすべて同じ高さに揃えると、協働的な活動がスムーズになります。

②高さを揃えるのは子どもの荷物がない、春休みがおすすめです。

③身長差には、椅子を調節して対応します。（足が床にしっかりつく高さ）

よくある失敗例

　子どもたちの机の高さが揃っていない状態で、グループ活動をすると、こんなことが起こりがちです。

・隣どうしで机をつけて１冊の図鑑を２人で見ようとしたら、高さがちぐはぐで真ん中に置けません。隣の机の図鑑を見づらそうにのぞき込んでいましたが、次第に意欲が下がってしまいました。

・社会の時間、４人グループで学習カルタをしていると、取りやすい机と取りにくい机ができてしまいました。「ずるい！」「そんなことない！」とケンカが始まって残念。

解説

　すべての机の高さが揃っていることは、さまざまなフォーメーションでフレキシブルに活動するための大前提です。作業効率のアップはもちろん、１人ひとりが教具を平等に使いやすいスペースの確保はとても大切なこと。この「平等性の担保」はファシリテーションの基本的な考え方の１つです。例えば、私たち大人が話し合いをするときに、会議室の机の高さがバラバラだったらどうでしょう。大人でも話し合いにくいような高さが凸凹の机を囲んで、子どもたちが豊かに対話できるようになるのは難しいはずです。

　調節できるタイプの机は、工具を借りて調節します。数が多いときは充電式の電動ドライバーがおすすめ。学校内を探してみましょう。また、ネットで安価に購入できます。作業が大変なときは同学年の先生をはじめ、周囲に声をかけ、手伝い合いましょう。机椅子担当の分掌がある場合は、その先生にも伝えましょう。調節ができないタイプは、机椅子担当の先生に尋ね、欲しい号数（高さ）がどこにありどれだけ移動するのかを確認し、了承を得ます。

（久保田比路美）

総合的な学習の時間
学びのデザイン

こんなとき、どうする❓

　小学5年生。総合的な学習の時間に「米作り」を体験し、そのまとめとしてグループで壁新聞を作ります。しかし、1人で勝手に進めてしまう子や、作業せずに遊び出してしまう子がいてなかなかうまくいきません。どうしたらいいでしょうか。

ファシリテーターならこうする❗

　1．学びのゴールと価値のインストラクション…「今日は『米作り』のまとめとして作る壁新聞の話し合いをします。4月から半年以上米作り体験をしてきましたね。大変なこともあったけれど、家庭科の授業でやった『おにぎりパーティー』は最高

だったよね！作った壁新聞は近くのJAに飾られます。お世話になった農家の○○さんも、読むのを楽しみにしているそうですよ。」

　2．全体の流れ（見通し）と進め方、評価基準の共有…「モデルを見せたいので前に集まってください。（A班と一緒に大きなホワイトボードを使って話し合うところを実際にやって見せる）A班のように、聞いている人が友達のアイデアに少し大きめにリアクションしてくれると、とっても話しやすくなるね。A班のみんなに拍手！」

　3．活動とドキドキワクワクのチャレンジ…「では実際にやってみましょう！楽しい壁新聞にするためにアイデアを出し合ってね。」

　4．観察とカンファランス、レクチャーの繰り返し…グループの話し合いを見守りながら、好意的な声かけをします。

５．学びの共有と価値のフィードバック…「みんなの米作りの苦労や美味しかったおにぎりのことがよく伝わってきそうな新聞になりそうですね。他の班のホワイトボードも自由に見て回ってみよう。写真を撮ったので、次回はそれを見ながら壁新聞作りを進めます。もちろん、他の班のアイデアを参考にしてさらにアレンジするのも OK です。」

６．振り返り…「やってみてどうだった？次の時間はどんな準備が必要かな？グループの仲間と話してみましょう。」

ここがポイント！

①子どもたちに任せる前に、必ずゴールとモデルを示します。
②できていることに目を向け、前向きなフィードバックをします。
③グループ内だけでなく、他のグループからも学べる工夫をします。

よくある失敗例

「今日は半年以上みんなで取り組んできた『米作り』を壁新聞にまとめます。５年生ですから初めてではないですよね。できた新聞は JA に飾られるので、○○小の５年生として恥ずかしくない作品にしてください。ペンや画用紙などの材料はここにあるから自由に使ってね。ではグループで協力して頑張ってください。」

解説 ・・

プログラムデザインの６つのプロセスを意識して進めます。すべてを任せると、上手に書ける人ばかり活躍し、他の人が暇になってしまいます。すると「○○さんが真面目にやらない！」「△△さんばかり書いてずるい！」とケンカが起きてしまうことも。だからといって、先生の指示や注意が多すぎると、せっかくのワクワク感がしぼんでしまいます。最初にワクワクするゴールとわかりやすいモデルを簡潔に伝え、活動中は安定的に見守り、前向きなフィードバックと次のチャレンジの提案をし、最後は振り返りを次の活動へとつなげます。

（久保田比路美）

「コミュニティとしての機能が低くなっている教室」とファシリテーション技術

ちょん 学級というコミュニティは本来、みんなが知恵や意見を持ち寄ることで、相乗的な学びの効果を発揮するプラットフォームとしての機能をもちます。対話や議論、経験を通して小さなイノベーションが教室のアチコチでたくさん起こり、行きつ戻りつするうちに「あるタイミング」で予測を超えて、1人ひとりの力や学級の力をグン！と伸びる瞬間があります。

　学級がこのようになるプロセスには、明確な分かれ道があります。

阿部 「分かれ道が明確にある」というのが気になります。もう少し詳しく教えて下さい。

ちょん コミュニティとしての機能が低くなっている教室（静的、動的な学級崩壊状態）で授業をすると、共通するいくつかのプロセスがあります。端的な例としては、「先生の話が長い」「先生がよく怒っている」「他者との比較や評価づけをしている」「過剰な刺激を与え続けている」という状況です。過剰な刺激とは、「かまい過ぎる」や「無視をする」などです。先生が子どもをエンパワーできないときは、先生自身も「心の体力」が冷えています。うまくいってなくてもまずは、そのクラスにある強みを強化するフィードバックを教員間で共有しましょう。

阿部 久保田さんの原稿から、3つのことが頭に浮かびました。1つは、教室で特徴的な子が学級に存在する場合、その子に引きずられすぎないことです。その子に注目しすぎて、担任教師がクラス全体を見失うことがあります。2つ目は、大多数の授業の目的やよりよい学級集団づくりに向かって取り組んでいる子たちに肯定的なメッセージ、つまり君たち

の姿はすばらしいし、私はその姿をちゃんと見ていますよとメッセージを発して、その子たちに学級での居心地の良さを確保してあげてほしいです。3つ目はギクシャクしている学級の特徴の1つに、個人差をもとにした個別対応という公平性を認めない子どもたちや空気感がある場合が多いと感じます。学級全体で公平感を確認して、互いを認めるようにしていきたいです。

ちょん 執筆者の座談会でもファシリテーションの中心になるのがアセスメント技術であると話題になりました。教室で大声を出してしまう子も、理由と背景、伝えたい思いがあります。静かに着席すれば OK ではなく、行動を分析し、この子と一緒に力を伸ばす作戦を考えます。その変容が学級を励まし、共に認め合う関係づくりへとつながります。

サッカーから
もどってくると
忘れている

今日、気づいたら
授業まで2分！
慌てて水を飲んで
算数の準備
　　→チャイムが・・・

つい忘れちゃいます
休み時間に黒板を写す子
(良)→あとから消そう！と
思っている

いろいろ話している
うちにチャイムが
なっちゃうんですよ

(困)
ギリギリまで
サッカーしたい

遊びに行く前に消す
消せなかった時は
予鈴が鳴ったら
急いで教室に戻る

※108〜109頁の実践に対応

2学期、ダレてきた子ども たちにかける言葉

こんなとき、どうする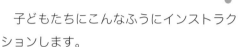

小学校4年生の10月。毎月1日に1ヵ月のチャレンジを決めて書いて、見える化しています。「クラスのいろんな友達と関わる」「面倒くさいと言わない」「給食を残さずに食べる」。でも、最近、ダレてきてチャレンジしない子も増えてきました。どうしたらいいでしょうか。

ファシリテーターならこうする

子どもたちにこんなふうにインストラクションします。

「4月から毎月1日に決めていた月目標の調子だけど、最近どんな感じ？ちょっと近くの人と話してみて。うんうん、運動会までは頑張れていたけど、最近はイマイチな感じなんだね。確かに、振り返りのときに、『今週頑張ること何だっけ？』って言っている人も多いよね（笑）。大人でも毎月同じことをやっていると、『まっいいか』と思ってしまうことがあります。これを『ダレ』と言います（笑）。そんなときは、自分を応援してくれる自分専用の応援団『モニタリングパートナー』の力を借りましょう。1ヵ月間、まるでテレビ番組の『ニンゲン観察バラエティ　モニタリング』のようにパートナーの観察をして、お互いに目標に向かって頑張っているところや、成長したことを1週間の振り返りの時間に伝えてあげてください。この人となら頑張れるという友達やこの人とやってみたいという人とペアを組んでみよう。それでは、モニタリングパートナーと今週頑張りたいこと、チャレンジしたいことを話し合ってみてください。」

ここがポイント❗

① 子どもたちの言葉や日常のエピソードを交えて話します。子どもたちが「あ～あるある」と思えることが大切です。

② スタートとゴールを明確に伝えます。（1日と毎週の振り返り）

③ 現状が少し変わるかもしれないと思えるドキドキワクワクが子どもたちに湧き上がるように心がけてインストラクションします。

よくある失敗例

「皆さん、最近の月目標は頑張っていますか？頑張っている人もいると思いますが、多くの人たちは忘れていたり、どうでもいいと思っていたりしませんか。自分が頑張れていると思う人は手をあげてください。もう少しだと思う人？今手を挙げた人は、できている人ができている理由を考えたり、見つけたりしてください。さっき手をあげてくれた人たちは、みんなのお手本になれるように今までのように頑張ってください。目標をもつことは人が成長するためにはとても必要なことです。成長を諦めないためにも今月から心を入れ替えて頑張っていきましょう。」

解説

子どもたち同士でエンパワーできる関係が育まれると、自分のチャレンジを意識し、友達をサポートする「成長しあう関係」が育まれ、一気に学級の力が加速していきます。このような関係づくりは4月から意図的に（量的に）行っていきます。また、日常の良好なコミュニケーションの量を前提とした「質」も大切です。自分の目標をモニタリングパートナーに宣言することや、パートナーの目標が達成できるように、頑張りを認め、アドバイスや方法を一緒に考え、ときには少し厳しめのフィードバックをすることは、コミュニケーションの質を高め、子どもたち同士がエンパワーできる関係を深めます。友達の成長のために自分の力が必要なのだと思えるようなインストラクションを心がけましょう。（秋吉健司）

クラス対抗長縄大会、子ども たちが自ら選択・決定する

こんなとき、どうする❓

　一致団結が求められるクラス対抗長縄大会。学校で１番になりたいと思う子どもと、楽しくやりたいと思う子どもたちの対立が生まれてしまいます。どうしたらいいでしょうか。

ファシリテーターならこうする❗

　長縄の回数を求める子どもたちと、和気あいあいと楽しくやりたい子どもたちが揉めたときの問いの立て方です。

　「１人ひとりいろいろな思いがあるみたいだね。少し僕からも話していい？そうだな〜今からちょうど１週間前、長縄練習を始めたときの頃にタイムスリップ

してみて。できた？あのとき、僕たちは、どんなことを大切にして、この長縄大会に挑戦しようかって話しあったでしょう？そう、『自分も相手も大切に』だったよね。今、それできているかな？今の僕たちの状態で自分も相手も大切にするって一体どんなことだろうね？振り返りジャーナル*8に書いてからみんなで少し話し合ってみよう。」

ここがポイント❗

①問いの答えは子どもたちがもっています。クローズドクエスチョンではなく、オープンクエスチョンで問いを立てましょう。
②原点に立ち戻り今を振り返ることができるような問いを立てましょう。
③教師の判断は入れません。「僕からも話していい？」の一言は大事

だったりします。

よくある失敗例

「1人ひとりいろいろな思いがあるみたいだね。今は3分間で100回を目指しているんだよね。そのためにしなきゃいけないことは何だろう？漢字テストを思い出してみて、目標点数を取るためにすることは練習だよね。だから、もっと練習をしなきゃいけないよね。じゃあ、どうやって練習する？『ちゃんとやれよ！』と言われたり、跳べなくて文句を言われたりしてやるよりも、お互い励まし合いながら練習する方がいいと思いませんか？相手のことを大切にしながら、練習を頑張っていきましょう。今日の話し合いで、どんなことを思ったかを振り返りジャーナルに書いてください。」

解説

ある方に「先生の言葉は暴力的であることにもっと気づくべきだ」と言われたことがあります。子どもたちにとって先生の言葉は、絶対的になりやすい。私たちが思っていなくても、子どもにはそう聞こえるということです。そう考えると、教師の価値判断を入れない問いを立てられるスキルはとても大切になります。

前の例は、子どもが原点に帰り、自分たちの進む道を確認し、選び直す、自己選択・自己決定を促す問いです。自分たちで選んだ道を進むわけですから、その後の活動にエネルギーが生まれます。

後の例は、教師が進む道を誘導しています。子どもたちにとっては、問いではなく、指示や期待に聞こえてしまい、その後の活動はやらされ感や先生のためにという残念な活動になってしまいます。子どもたちが自分で新たな気づきを得て、進む道を自己選択・自己決定できるような問いを考えることが大切になります。

（秋吉健司）

アセスメント

「やりたくない」と言う
子どもの背景

こんなとき、どうする ❓

　5年生のAさんは将来、アメリカに留学するのが夢です。しかし、英語の授業にとても消極的で、今日も始まる前から先生のところに行き、「だるい！やりたくない」と、大きな声で話しかけています。英語は塾でも学んでいて、得意なのですが……。どうしたらいいでしょうか。

ファシリテーターならこうする ❗

　「私、マジ英語の授業嫌い！絶対に、当てたりしないでね」と話すAさんの言葉の背景や意味がなかなかわかりませんでした。Aさんが英語を学んでいることは、クラスのみんなが知っています。でも、塾では英会話ベースの学習をしていて、学校の授業

とは少し、内容が違うようです。そのため、自信がもてず、「当てないでね」とわざわざ話にくることが、だんだんとわかってきました。Aさんが横を通ったときに少し、やりとりをしました。最初にできていたことを伝え、こんなやりとりになりました。「前回の英語の振り返り良かったね。次のチャレンジまで決めちゃわない？」「えーめんどうくさい」「じゃあさ、僕がチャレンジを決めてもいい？」「えっ、別にいいよ」「わからなくなったら僕に相談する。にしよう」「でもさ、誰かに教えていたら、相談できないじゃん」「そっか、じゃあ、練習タイムになったら、最初にAさんのところに行くから、そこで、この前みたいに、僕と練習して、その後、友達と練習するっていうチャレンジにしよう。それでどう？」「別にそれでいいよ」先に先生と練習をすることで、少しずつ自信をつけていっ

120

たＡさん。言葉の奥にある不安を解消するアプローチが奏功しました。

ここがポイント！

①言葉をそのまま受け取るのではなく、翻訳して受け取ります。

②最初から完璧は求めません。今よりも、一歩でも半歩でも進めるならばOKというサインを出し続けます。

③その場だけを解決するのではなく、次はどうすればいいのか、どうすればうまくいくのかなど、次の行動まで一緒に考えます。

よくある失敗例

　スタートの合図の後も活動を始めないＡさん。Ａさんの強い視線をヒシヒシと感じて、指導をすることにしました。そばに行くと、「いつまで座っているの？チャレンジしないと。ほら、あそこに○○ちゃんがいるから、行っておいで、○○ちゃん、一緒にやってあげて～」。

　でも、なかなか練習ができないＡさん。練習が終わると、また座ってしまいました。振り返りには、今日もできなかったと書いてありました。

解説

　私たちは、不安になると不穏な行動を取りがちになります。実はＡさんは、３年生の頃、「ここがわからないから教えて」と教師に伝えていたそうです。ですが、無視をされてしまうことが何度もあり、「わからない。教えて」と伝えることに大きな不安と諦めを感じるようになったという経過がありました。Ａさんの「やりたくない。嫌い」という言葉をそのまま受け取るのではなく、「わからないから教えて欲しい」「ちゃんと教えてくれるの？」と翻訳して受け取め、そして、授業前に「わからなければ教えるよ」と支援する姿勢と意思を示し続けました。そして、わからなかったら、私に聞くことを次のチャレンジ（私たちの約束）にすることで、不安は少しずつ解消されて、自分から相談に来ることが多くなり、素直に英語の授業を楽しめるようになりました。　　（秋吉健司）

席替え、「ハートカード」で可視化・可聴化

こんなとき、どうする❓

　クラスのいろんな子と友達になれるように、毎月席替えをしています。でも「ペアで話し合いましょう」と言っても、上手くいくペアといかないペアがあります。どうしたら全員と温かい関係をつくれるでしょうか。

ファシリテーターならこうする❗

　席替えはお箸の神様で決めます。席替えした瞬間のルーティンは、お隣さんに「お願いします」と言った後に、「あっちむいてホイ」や「キャッチ」*9などのゲームを3種類くらい立て続けに勢いよく行います。笑い合えて、うっかり触れ合えるゲームだ

と、最初は嫌だなと思っていそうな組み合わせも笑ってやっています。そんな様子を見ると「大丈夫だな」と思えます。まずは、必ずうまくいく簡単なゲームや簡単な計算の確認などからスタートします。その後、ペアトークやペアワークを積み重ねていくうちに、お隣さんとの関係性が自然と温まり深まっていきます。そうして育んだ関係性を次の席替えのときに「ハートカード」*10で可視化・可聴化します。実際はこんな感じで進めます。

　「今日は席替えの日です。新しい席を決める前に、隣の席の友達と過ごした1ヵ月を振り返ってみましょう。ちょっと向き合ってみてください。OK？頭を1ヵ月前にタイムスリップさせます。今から30秒頭の中のビデオを再生するので、この1ヵ月間で見つけたお隣さんの良い所や好きな所、頑張っていた所や成長したなと思う所を思い出してください。

ではビデオスタート！……見つけたことを3分間でハートカードに書きます。まるでラブレターを書くかのように心を込めて書いてくださいね。よーい、スタート！」。

ここがポイント❗

①関係性を温めるために、まずコミュニケーションの量を多くとり、質を高める活動へと計画的に行っていきます。

②「見つけられない！」とならないように、振り返りジャーナルのテーマに「隣の人いい所」などを入れ、ストックしておきます。

③「ハートカード」を読むことで可聴化され、心が温まります。

よくある失敗例

　よくある失敗は、そもそも席替えで関係性を深めようと考えておらず、いかに授業がやりやすくなるかを考えて教師側が席を決めてしまうことです。低学年になればなるほど顕著です。トラブルを避けるために席を離すこともよくあります。でも、解決方法を子どもたちが学ばないので、同じようなトラブルが繰り返されてしまいます。

解説

　1ヵ月で培った関係性を可視化も可聴化もすることなく、ただ席替えをするのはとてももったいないと思います。「ハートカード」などで相手の好きなところや成長したところを可視化、可聴化して伝え合う文化が教室にできると、安心してそれぞれのチャレンジが始まります。

　子どもたちは日々学校生活だけでなく、放課後の遊びの時間、SNSでたくさんの言語・非言語のコミュニケーションを取っています。しかしその中では自分と友達をエンパワーするようなコミュニケーションの機会はあまりありません。子どもたちが互いをエンパワーしあう体験をする場をつくることは学校の大きな役目だと感じています。

（秋吉健司）

1学期の振り返りを
さまざまな隊形で行う

こんなとき、どうする❓

　1学期の振り返りをする学級活動の場面です。自分が頑張ったことや成長したこと、次のチャレンジを共有します。言葉にして伝えることで自身をメタ認知し、変化に気づき認め合う友達関係をつくりたいのですが、うまくいきません。どうしたらいいでしょうか。

ファシリテーターならこうする❗

　まずは「1学期に頑張ったこと、成長したこと」をテーマに、ペアトークを行います。オープン・クエスチョンで聞かれ、ペアの子に書いてもらうため、具体的なエピソードで振り返ることができます。次に4人組で、振り返りを行います。手元に書い

てもらったメモがわりのホワイトボードがあるので、安心してしゃべることができます。1人2分ずつの質問タイムを取ることで、ペアトークのときよりも、さらに振り返りが深まります。次に、全員で輪になっての振り返り。話したい人、聞きたい人が手をあげます。手元のホワイトボードに書いてあることやそれ以外でもOKです。時間が用意できるときは、全員が発言します。みんなで対話をした後に、最後に振り返りジャーナルに「1学期頑張ったこと、成長したこと」を書きます。友達の振り返りを聞くことで、より振り返りが深まります。

ここがポイント❗

①活動をペア→グループ→全体→ソロと変化をつけていくことで、自信

をもって発表できたり、考えをブラッシュアップできます。

②ペアトークの前と最後の合計2回、振り返りジャーナルを書くことで、対話をした結果、考えがどのように変化したのかがわかるバージョンもいいでしょう。

よくある失敗例

終業式を間近に控えた金曜日。今日の学級活動は、1学期頑張ったこと、成長したことを振り返ります。「では、ジャーナルに、1学期頑張ったこと、成長したことを書いてください。時間は8分間です。しっかり思い出して、成長したことや頑張ったことが見つからないとならないようにしてくださいね。ではよーいスタート」。すぐに鉛筆を走らせる子もいれば、何を書こうかと天井を見上げる子、1分くらいで書き終わって、時間を持て余している子もいます。「8分経ちました。それでは、書いたことを発表してくれる人はいますか？はい、〇〇さんどうぞ」。指名された子が発表します。スクール形式での発表のため、自ずと先生に発表することになります。発表後、先生がその振り返りを価値づけし、また指名された子が発表することを繰り返し、残りの時間は過ぎていきます。

解説

学級の成熟度とフォーメーションは大きく関わっています。学級が成熟していると、何の準備もなく1つのサークルを作って話し合うことができますが、成熟していないと沈黙の時間が長く続いたり、決まった人が話し続けるだけになったり、まるで「ジャイアンのリサイタル」のようになってしまいます。そのため場や目的に応じたフォーメーションの選択が重要になります。ペアで意見を聞いてもらって自信をもち、4人組で話し合うことで友達に意見する練習をし、対話の価値を知っていきます。そして、サークル対話では勇気を出して発言するチャレンジもできます。友達と協働的に振り返ることで最後のソロで取り組む振り返りジャーナルが豊かになり、個別最適な学びと協働的な学びが充実します。（秋吉健司）

プログラムデザイン

To Do リストで可視化し、プロセスをつくる

こんなとき、どうする❓

　行事の片付けで役割分担があるにも関わらず、先生の指示がないと動けず、中には遊んだりダラダラしています。注意すればその瞬間には動きますが、30秒後にはまたもとに戻ります。どうしたらいいでしょうか。

ファシリテーターならこうする❗

１．学びのゴールと価値のインストラクション…「保護者や地域の方も来られて、素敵な展覧会になりました。まず拍手です。６年生からバトンを引き継いで、私たちは学校のリーダーとして活動します。そのスタートが展覧会の片付けです。どんなふうに取り組むといいと思う？」

２．全体の流れ（見通し）と進め方、評価基準の共有…「ではこの表（To Do リスト）を見てください。今日、みんながやらなくてはいけないことが書いています。『終わったらどうする？』そうだよね。他のところを手伝いに行くといいよね。表で確認をして先に終わった人はヘルプに行ってください。そして、自分や友達の頑張っている様子を教えてください。みんなへのメッセージも最後に発表してもらいます。」

３．活動とドキドキワクワクのチャレンジ…「さあ、６年生としての最初のチャレンジです。手伝ってくださる先生方に、立派な６年生だと思ってもらえるように頑張ってね。」

４．観察とカンファランス、レクチャーの繰り返し…活動を見守りながら、好意的な声かけをします。

５．振り返り…「輝いていた人いた？」「みんなへのメッセージは言いたい人はいる？」

６．学びの共有と価値のフィードバック…「みんなの頑張りのお陰でほら見てください。時間内に終わらせることができました。今、振り返りにもたくさんあったようにしっかりと活動もできたようですね。最高のスタートダッシュです。これからも今日のような協力を積み重ねていけるとみんなでどんどん成長していけるよ。」

ここがポイント ❗

①具体的に片付ける箇所や優先順位を可視化して示します。
②終わった後に何をすれば良いかを共有しておくと自律的に動けます。
③どうなったらいいと思う？という、評価基準を子どもとつくります。
④振り返りの視点を先に示すと、ゴールイメージが具体的になります。
⑤自分を温かく見守る人がいると、大人も子どもも頑張れます。

よくある失敗例

「いつも掃除でダラダラしている子も頑張って立派な６年生だと思われるように、今からやることを言います。１組はひな壇、２組はパネルを片付けます。３組は布を畳んで会議室に運んでください。終わったらまだ終わっていないところを手伝ってください。もちろん遊ぶ人なんていませんよね。先生はよーく見ています。それでは始めましょう。」

解説

失敗例では、口頭で活動の手順を示すだけで教師側の指導や指示だけで終わっていますが、１〜６のようなプロセスをつくることで、片付けもドキドキワクワクのチャレンジになります。振り返りでは、いつも不真面目になりがちな子に対して「すごく頑張っていました」との発言があり、「おおー」。最後にメッセージを言いたい人を募ると３人の子が「おまえたちサイコーだぜ」と声を揃えて叫び、学年みんなで大爆笑でした。　（秋吉健司）

「プロセスをつくる」と
ファシリテーション技術

ちょん　「ファシリテーションはプロセスを重視する」とよく言われますが、それがどういうことなのかわかりにくいですよね。秋吉さんの原稿では、スタートとゴールを明確に子どもたちと共有することがプロセスを重視する1つだとわかります。

阿部　なるほど、そういうことは説明されないとわからないところです。

ちょん　他には、教師が子どもたちに「話してもいい？」と問うてから話し始めるプロセスの描写も印象的です。関係性を温めるためには、まず量から質へと高めるプロセスがあります。「ハートカード」の取り組みは、「読みあげる」というプロセスを入れることで子どもたちの関係性がエンパワーされていきます。プロセスをつくる具体的な様子が紹介されています。

阿部　私は、秋吉さんの原稿で2つ、とても印象に残っているところがあります。

ちょん　どんなところですか。

阿部　1つ目は、「タイムスリップ」という言葉を何度も使っていることです。これは、秋吉さんが好きで使っている言葉なのかもしれません。興味深いのは、この言葉を使っている意図です。原稿を読めばわかりますが、原点・出発点を思い出そうとか、戻って考えてみようと促したいときに使っています。プロセスということを、川の流れや旅の途中と考えるとわかりやすいと思いますが、今、自分がどの場所で何をしているのか、迷ってわからない場面に出くわします。これは、時間が経てば経つほどそうですし、また、活動に夢中になっているときなどにもそうな

ります。そのときに「タイムスリップ」という言葉を用いて最初に確認した目標とか目的を再確認するように促しています。今の現在地と目的を比べて、これから向かう方向性を確かめようと、子どもたちに意識してもらうために、この言葉を意識的に使っているのだと考えました。まさにファシリテーションだなと感じます。

ちょん　そうですね。日々の活動や成長は自分ではわかりにくいですし、忘れてしまうので、例えば、ポートフォリオを作成してリフレクション（振り返り）をするように、タイムマシンに乗った気持ちでリフレクションを促進するのは、とても素敵ですね。

阿部　2つ目は、「モニタリングパートナー」という実践そのものがプロセスをつくるファシリテーションだと感じました。といいますのも、「モニタリングパートナー」という役割が特徴的です。自分がどの立ち位置にいて、どうなっているのかをわかってもらうために、もう1人の自分として「モニタリングパートナー」という役割をおくわけですよね。

　同時に自分を応援する機能もあります。メタ認知は年齢が低ければ低いほど難しい行為です。メタ認知を可視化する機能として、「モニタリングパートナー」に互いになってもらう。なるほどと思いました。

　プロセスという視点からファシリテーションを考えるとはどういうことなのか、秋吉さんの原稿から教えてもらいましたね。

インストラクション

たてわり活動、後輩へ 緩やかにバトンを渡したい

こんなとき、どうする❓

　小学6年生の1月。今年度のたてわり活動も残り2回、今回からは5年生がリーダーとなって会を運営しますが、6年生がおせっかいを焼きすぎて任せればできるのに、声を出してしまう場面が目立ちます。ちょっと堪えれば5年生もできるのですが、どうしたらいいでしょうか。

ファシリテーターならこうする❗

　6年生へのリスペクトを示し、5年生に任せるための具体的な行動を伝えます。

　「皆さん、これまでのたてわり活動の企画・運営、本当にお疲れさまでした。今回から5年生がリーダーとなって会を進めます。皆さんが初めてリーダーになったとき、どんな感じでしたか?近くの人と話してみてください。うんうん。どうしていいかわからなくて困ったし、どうしたらみんながもっと楽しめるか友達や先生とも相談しましたね。全員がお互いの名前を覚えるには?もっと仲良くなるためには?時間を有効に使うには?など、下学年のためにたくさん考えて工夫しました。きっと5年生も同じような場面に遭遇し、考えるはずです。これからの皆さんの役目は3つです。1つ目は待つこと。ついつい困っているのを見るとすぐに手伝ったり、やってあげたくなったりします。そこはぐっと堪えて、5年生の力を信じて待ってあげてください。2つ目は愛のあるアドバイスをすること。活動終了後にぜひ5年生へ良かったところ1つとアドバイスを1つしてきてください。3つ目は思いきり楽しんでくること。1年生とも本気で遊んで残り2回のたてわり活動を目一杯楽し

んできてください。では、それぞれの教室へ行ってらっしゃい！」

ここがポイント ❗

①これまでの努力や成果を振り返り、子どもたちの成長をフィードバックします。

②1年前の同時期を振り返り、5年生の今の気持ちに思いをはせます。

③良きアドバイザーとして、これをしたらOKというポイントを明確に示します。

よくある失敗例

「皆さん、これまでのたてわり活動の企画・運営、本当にお疲れさまでした。今回から5年生がリーダーとなって、たてわり活動を進めます。いよいよ皆さんがリーダーとして行ってきたことを5年生に引き継ぐ番です。皆さんも初めてのときは、どうしていいかわからなくて困ったし、たくさん失敗もしましたね。きっと5年生も同じようにたくさん失敗するはずです。だからこそ、6年生が頑張ってきてください。そして、活動終了後にぜひ5年生へたくさんアドバイスをしてきてください。では、それぞれの教室へ行ってらっしゃい！」

解説 ┄┄┄┄┄┄┄┄┄┄┄┄┄┄┄┄┄┄┄┄┄┄┄┄┄┄┄┄┄┄┄┄┄┄┄┄┄

良い例では、5年生の良きモデル、良き先輩の姿を具体的に伝えています。経験値があるからこそ、ついつい手や口を出したくなるところをぐっと堪えて、後輩が伸び伸びとチャレンジできる場を設定できるようにしています。比べて失敗例は、失敗や困った場面が強調され、たてわり活動のリーダー＝しんどくて大変なものという印象を一層強くしています。困っていたら助ける、アドバイスすることはとても良いことですが、一方で後輩のチャレンジの機会を奪ってしまいます。6年生が良きモデルであり、良きアドバイザーであることを自覚でき、後輩へ緩やかにバトンを渡すことができる参加の仕方を提案しましょう。（藤井雅美）

クエスチョン

発散、収束、活用の プロセスで聞く

こんなとき、どうする

　たてわり活動終了後、それぞれの教室から子どもたちが戻ってきました。うまくいった様子のグループやなんだか浮かない表情のグループがあります。振り返りを進めようとするのですが、子どもたちが積極的に発言しません。どうしたらいいでしょうか。

ファシリテーターならこうする

　活動実施後は、熱が冷めないうちに振り返りをしましょう。

　子どもたちがペアになり、ホワイトボード・ミーティング® 質問の技とあいづちを使って、「今日のたてわり活動を進めて、どんな感じでしたか？」と聞き、ミニホワイトボードに黒で書きます（発散）。

　次に「良いことを1つ、困っていることを1つ、教えてください」と聞き、赤で書きます（収束）。それについてペアの子が話す頃には、その子は自分で今回うまくいかなかったことの改善策がわかり始めます。

　最後に「次回、どうしたい？どうなったらいいと思う？」と聞き、青で書きます（活用）。客観的に振り返ることができ、次回はこうしてみたいなどと、自分自身で課題解決が進みます。また、ペアの子から愛のあるアドバイスがあると新たな気づきにもつながります。

ここがポイント

① 9つのオープンクエスチョンとあいづちだけを使って、話し手が話し

132

たいように話すことができるようにします。

②まずは相手の意見を否定せずに、聞いて書きます。

③聞き手は、発散、収束、活用のプロセスで聞いて書き、話し手が客観的に考えられるようにサポートします。

よくある失敗例

「今日のたてわり活動、どうだった？」の問いから、お互いに意見を言い始めます。「説明でつまずいてしまった」「１年生が全然話を聞いてくれなくって、風船バレー楽しくなかった」と答えるＡさん。「もっと大きい声で話したらいいんじゃない？」「もっと練習しなきゃ！」とアドバイスをするＢさん。「でもさあ、聞いてくださいって言ったんだよ」とＡさん。「だから、それ聞かせられるように言えばいいじゃん」と、２人には不穏な空気が流れ始めます。先生の終了の合図で、もやもやした表情で体の向きを変える２人。

解説 ....

振り返りは、「自分のやったこと」「自分に起こったこと」を一度脇に置いて、「なぜそうなったか」「どうすれば良かったのか」を客観的に考えてみる作業です。

オープンクエスチョンとあいづちだけを使って、相手の話を共感的に聞きます。途中で自分の意見を言いたくなったとしても、そこはぐっと堪えて、エピソードまで聞きながら内容を深めていきます。そして、良いことや困っていること、これからどうしたいかについて聞くことで、話し手は客観的に振り返ることができます。一方、よくある失敗例では、話している最中にアドバイスが始まり、振り返り自体がよくわからなくなり、良かったことさえも残念な活動になってしまいました。

まずは、オープンクエスチョンとあいづちだけを使って、相手が話したいことを深められるように聞きましょう。時間で話し手と聞き手を交代して行うことで、良好な関係も育まれていきます。 　　　　　　（藤井雅美）

なかなかみんなと一緒に
活動できない子

こんなとき、どうする❓

　たてわり活動も終盤になった頃、6年生のAさんからの相談。「先生、2年生のB君がいつも参加できなくて……。どうしたらいいですか？一緒にやろうって言っても参加しないんです。」

ファシリテーターならこうする❗

　毎時間、教室の隅の方で固まっている2年生の男の子B君。まずは、Aさんから相談事について詳しく聞きます。「どんな感じ？」「もう少し詳しく教えて？」「エピソードは？」「どうしたい？」（Aさんの困り感とB君の教室での様子が何となく頭に浮かんできます。）Aさんには、「B君のことを真剣に考えてくれてありがとう。B君なりに参加していると思うから、Aさんはこれまで通り全体のことをよろしくね。B君のことは一旦先生に任せてもらってもいい？」

　（当日）友達がB君に「一緒にやろう！」と声を掛けるとさっと背中を向けて固まります。ワイワイとみんなが楽しそうにしているとチラチラこちらを見ながら、ニコニコしています。「王様じゃんけん」*11が始まると、その場で手を出して参加している様子。しばらくは、付かず離れずの距離を保ちながら見守ります。カードを使った活動が始まると、首を伸ばし友達のカードを覗き始めました。すかさず、「はい、B君のカード。やってみる？」と渡します。先生とカードゲームをするうちに、他の友達も寄ってきて「一緒にやろう」と誘います。遊び方がわかってきたB君に、「いってらっしゃい」と全体の輪へ促します。

ここがポイント！

①Ｂ君の行動やこれまでの様子を分析し、執拗に関わりすぎず見守ります。

②教師と活動しながら、小さな成功体験を積みます。

③できそう、もっとやれそうと興味を示したタイミングで、全体活動の輪へ促します。

よくある失敗例

　毎時間、教室の隅の方で固まっている２年生の男の子Ｂ君。Ａさんの相談を何となく聞き、「Ｂ君の担当になって、一緒に活動したらいいと思うよ」「優しく誘ったり、教えてあげたら、きっと参加してくれると思うよ」のアドバイス。たてわり活動当日。６年生のＡさんが２年生のＢ君の担当になって、終始隣に付き添っています。ルールを説明したり、「一緒にやろう」「楽しいよ」と話したりすればするほど、Ｂ君は背中を向けて固まります。終いには、耳を塞いでしまう始末。困り果てた表情のＡさんと、今にも教室を飛び出しそうなＢ君……。

解説 ………………………………………………………………

　普段関わりの少ないたてわり活動では、一定数すんなり活動に参加できない子がいます。みんなの前で話すのが苦手な子、失敗を極端に嫌がる子、こだわりが強くて勝敗を素直に受け入れられない子……。よくわからないことへの挑戦は不安です。参加のハードルを下げ、当事者本人が自己選択・自己決定し、自分のタイミングで参加できるようにします。本人が参加してみよう、やれそうと思えるタイミングのときに、ぽんと背中を押すように「一緒にやってみない？」と声を掛けます。よくある失敗例では「一緒にやろう」「楽しいよ」など、一方的な参加の押し付けになり、誘えば誘うほど参加のハードルが高くなってかえって意固地になってしまいます。見ていてもいいよ、一緒にやりたくなったらいつでもおいでというスタンスで、本人の一歩を待ちましょう。（藤井雅美）

ホワイトボード・ミーティング®
役割分担会議で参加度を上げる

こんなとき、どうする

　小学5年生。たてわり活動の企画・運営にも慣れてきました。しかし、準備も進行も毎回リーダーは同じです。「一緒にやろう」と声をかけますが、「どうせやってくれるだろう」と引いて見ているグループのメンバーとの間に不穏な空気が流れています。どうしたらいいでしょうか。

ファシリテーターならこうする

　子どもたちがファシリテーターを交代しながら、ホワイトボード・ミーティング® の役割分担会議のフレーム（57頁参照）を使って、企画について、どんな準備物や仕事があるのかを大きなホワイトボードに書き出します。書き出したものを1週間前から後

日までに振り分け、誰がどの担当をするのか役割分担します。ファシリテーターを全員で交代しながら進めます。準備物や必要な係について意見を発散するときに、当日の自分たちの動きをイメージしながら話し合います。話が進むうちに「やれそう」「おもしろそう」とやる気が高まっていきます。ホワイトボードは撮影し、教室や廊下など、いつでも見えるところに掲示します。それぞれが自分の仕事を終えたら、□にチェックを入れたり、思い出したときに書き加えたりすることで、グループのメンバーだけでなく、クラスの友達や担任も一目で状況を把握することができます。

ここがポイント

①役割分担会議で、どの時期に、誰が何をするかを明確にします。

②タブレットに写真を保存すると、いつでも自分で確認できます。

③張り出すと、他のグループやクラス全体の進捗状況が確認でき、新たな気づきにつながります。

よくある失敗例

　風船バレーを企画したときのこと。リーダーの呼びかけで話し合いが始まります。「誰が風船準備する？」「審判やる人？」など、必要と思われる役割が挙げられ、一部のメンバーで話し合いが進められていきます。担任が「みんなで話し合いなさい」と言いますが、うまく進みません。その様子を見かねて、担任が話し合いの進行を始めてしまいました。

解説

　図のように左側に必要な準備物を発散し、右側に時系列に振り分け、担当を決めると抜けもれが少なくなります。仕事量も一目でわかり、自分から仕事を引き受けやすくなります。ホワイトボードを見れば話し

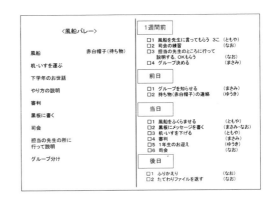

合いの状況がわかるので、途中から参加しても理解しやすく、同じ話を何度も繰り返さず、約15分で話し合いを終了することができました。

　ホワイトボードは写真を撮って印刷し、掲示しておくことで、どの時期に誰が何をすればいいかが一目瞭然になります。進捗状況は、掲示物を指差ししながら「これは終わった？」「こっち手伝うよ」などと確認して、お互いを気づかいながら進めることができました。あえて印刷、掲示して、いつでも誰もが見える状態にすることをおすすめします。

（藤井雅美）

短時間でさまざまなペアを経験し、グループ活動へつなげる

こんなとき、どうする？

　異学年交流を目的に行われるたてわり活動。回数を重ねるごとに活動にも慣れ、子どもたちは楽しそうに遊んだり、話したり。一見うまくいっているように見えますが、ペアやグループはいつも同学年や同じメンバーになり、異学年交流が深まっていると言えないような……。

ファシリテーターならこうする！

　たてわり活動初期は、短時間で交代するさまざまなペア活動を意図的に取り入れます。何度も繰り返し経験していくうちに、ペア活動の中で対話の上手な友達と関わった経験から学び、話し方や関わり方もブラッシュアップされていきます。

　例えば、自己紹介です。「私は6年生の○○です。Aちゃんって呼んでください。好きな食べ物はたこ焼きです。好きな遊びは一輪車です。よろしくお願いします」と、名前や好きな○○について、2人で聞き合います。30秒後に次のペア、また30秒後に次へと淡々と進めます。毎回、たてわり活動のはじめの3分は、ペアでの活動を行い、最終的には全員と関わることを目指します。自己紹介や朝ご飯何食べてきた？好きな勉強は？最近はまってるアニメは？など話題は何でも構いません。全員とやり終える頃には、たてわり活動でしか会わない間柄でも、何となくの顔見知りになります。誰とでもペアを作ることができるようになったら、ペア活動をベースとしたグループ活動です。4人や6人、8人グループは、ペアを組み合わせることでできます。

ここがポイント❗

①短時間でさまざまなペアとの体験を繰り返します。

②繰り返し行うことで、ブラッシュアップされ、小さな成功体験を積み重ねられます。

②2つのペアで4人グループ、3つで6人グループなど、ペアを基準にグループ活動へつなげます。

よくある失敗例

　はじめはうまくいかなくても回数を重ねてお互いのことを理解すれば関係は深まると考え、6年生のAさんは1年生のBさんのお世話係担当として、固定ペアを作りました。どんな活動も1年生の面倒を見ながら進めるように、毎回6年生に声を掛けます。はじめのうちは張り切って、1年生に声を掛けて話を聞かせようとしたり、何もかもやってあげたりしますが、次第に6年生にとって思うようにいかなくなり、「先生、Bちゃんが言うこと聞いてくれなくて」と、たてわり活動になると憂鬱な表情を浮かべることも。

解説 ....

　全員と最低一度は話すことができると、何となく顔見知りになり、たてわり活動グループに安心して参加できます。全員とペア活動ができるまでは、会の最初の3分程度は愚直に続けます。ペア活動と並行して、4人グループや6人グループ活動を行います。失敗例では、より責任をもって関わって欲しいという教師の思いから、お世話係などの担当を設定してしまっています。上級生が下級生をお世話しながら進めることも大切かもしれませんが、本来人には力があります。1年生にとって、憧れの6年生と対等に本気で遊ぶことはやる気を引き出します。異学年で集まっているからこそお互いの強みを生かして、お世話する・される関係でなく、あくまで対等に関わって欲しいものです。

（藤井雅美）

プログラムデザイン

主体的なたてわり活動に向けて

こんなとき、どうする❓

　小学5年生。6年生からたてわり活動を引き継ぎ、初めて企画・運営を行います。やりたいことはそれぞれありますが、できる子がどんどん進めて、何人かはお客様状態。全員がそれぞれの強みを生かして、チャレンジを設定して臨むためには、どうしたらいいでしょうか。

ファシリテーターならこうする❗

　黒板などに提示しながら、子どもたちとたてわり活動のゴールやチャレンジ、当日までの流れを確認します。ホワイトボード・ミーティング®の企画会議や役割分担会議（57頁参照）で話し合って役割分担すると、子どもたちはそれぞれの仕事に向かい

ます。教師は、ときどき「準備はどんな感じ？」と聞いて、「いいと思

ゴール・期日の共有		「下学年も私たちも、思い切り楽しんで遊ぼう！」 →○○さんって声かけられるよ！また来てねって言われるよ！	
全体の流れの確認	企画・役割分担会議	グループで話合い活動 ホワイトボードを使って	学級活動
	準備	必要なものの準備（借りたいときは○○○） グループで練習　　＊○○○には、氏名が入る 困ったときはいつでも相談に乗るよ！ 担当の先生にお知らせ	休み時間 各自
	リハーサル	当日をイメージして、 担当役と下学年役に分かれて、実際に練習	朝の時間
	たてわり活動本番	一緒に楽しんでこう！ 笑顔が大切！！	行事1
	振り返り	良かったこと、困ったこと（これが宝物） 次回どうしたいか	ランチミーティング

うよ」「OK」を出したり、「〇〇は大丈夫かな？」とアドバイスしたり
して見守ります。たてわり活動実施後の振り返りは、即座に行います。
メンバーで良かったことや困ったことを出し合い、どうしたいかまで話
し合う頃には、もう次回の企画がほぼできあがっています。

ここがポイント！

①ゴールとそのゴールが達成したときのイメージを話し合いで共有します。
②限られた時間を有効に使えるように当日までの流れを一緒に決めます。
③準備の様子をアセスメントしながらサポートしたり、困ったときはい
　つでもどうぞ！の場を確保したりしておきます。

よくある失敗例

　「たてわり活動の期日は、〇月〇日です。皆さんがリーダーとなって
企画・運営をします。今日だけ準備の時間を1時間あげますので、グ
ループで話し合ってください。時間が足りなかったら、あとは休み時間
を使って準備しましょう」。どんな遊びをするかワヤワヤと話し合い始
め、大抵のグループは決まった様子。数日後、準備は順調か確認すると、
「蛇じゃんけんします」「準備はバッチリです」との返答。たてわり活動
前日、本当に大丈夫か心配になり、急遽リハーサルをしてみると……。
たてわり活動当日を目前に、教師の指示が入り不穏な空気が流れます。

解説 ....

　委員会の仕事や外遊び、図書室で本の借り出しなど、高学年の子どもた
ちは毎日休み時間も大忙しです。限られた時間で行うために全体でゴール
と全体の流れ、話し合い方を確認します。話し合いによりイメージを共有
して役割分担すると、子どもたちの活動は一気に進みます。教師は、準備
の状況をアセスメントしながら認め励まします。ときには意見の食い違い
でもう一度話し合いに戻るグループもありますが、それも大切な経験です。
ゴールを確認し、行きつ戻りつしながら再スタートしましょう。（藤井雅美）

「異年齢交流」と
ファシリテーション技術

ちょん　学校から帰った後、近所の子どもたちが異年齢で自然に集まって遊ぶ風景は昔に比べると少なくなっているように感じます。地域によっては、校区が広くてバス通学が基本の学校、塾やスポーツクラブなどで忙しい放課後を過ごす子どもたちもいます。

　一方で、異年齢のコミュニティの可能性に着目し、クラス編成をする学校もあります。例えば、イエナプラン教育では異年齢の学級編成が特徴です。私たちも異年齢交流の可能性について考えていきたいですね。

阿部　異年齢で活動をする場合、何をねらっているのでしょうか。

ちょん　より社会に近い「多様な集団」であるということでしょうか。異年齢でいることで、子どもたちは学齢を越えて役割を見つけやすい。この章で藤井さんは、6年生の子どもたちのたてわり活動での様子を描いています。学校のリーダーとしての役割を担う子どもたちが、先生の姿をモデルにしながら、自分たちもファシリテーターとして下学年の子どもたちに関わろうとする姿が描かれています。また、多様な年齢の中で自分の役割を選び、学ぶ方が自分らしさを発揮できると感じる子どもたちもいるのではないでしょうか。

阿部　よく言われる、何歳であればこういうことができて当たり前という風潮があり、異年齢で一緒に行うことでそういう見方が薄まると捉えることもできるように思います。

ちょん　年齢に応じた成長と年齢を超えた成長。そのどちらも選択できる柔らかなコミュニティづくりができるといいですね。

阿部　私は以前、異年齢の実践を調べていたときに「ピア・サポート」

（仲間同士の支え合い）という活動に出合ったのですが、そこでは異年齢交流を推奨しています。また、そこで強調していることの１つに、自己有用感が育てられるということがありました。年齢差の中で、自分の立場や役割を意識して接することで、自己有用感が育つということだったと思います。そういう面も異年齢の良さだと考えました。

ちょん　そうですね。子どもたちは年齢の離れた大人よりも同じ子ども同士の中でより影響を受け合っています。良好なコミュニケーションが育まれているときは、「ピア・エデュケーション」が育まれ、そうでないときには「ピア・プレッシャー」が働きます。自分よりちょっと先を歩く身近な先輩や友達に学び、励まされながら、子どもたちは自分の進路や生き方を学んでいくのだと思います。振り返ると私自身もそうでした。異年齢交流の時間が多くなると、下学年の子どもたちからもたくさんの学ぶチャンスが増えます。意外な自分の強みを見つけたり、伸ばしたりすることもできます。

阿部　すごくわかります。異年齢交流は、場づくりの準備が必要だったり、面倒だったり、交流の時間をどのように確保するかなどの課題が生じます。これらを含めて楽しむことができるプログラムデザインを考えてみたいです。

ちょん　そうですね。教科の学習とたてわり活動が分離するのではなく、学習指導要領を充たすカリキュラムマネジメントが進められれば、たてわりのコミュニティが１つの学級、学習集団として機能できると思います。そうすると学校での学びがより多様性に溢れた豊かなものになり、個別最適な学びと協働的な学びの循環も充実しますね。

阿部　異年齢交流の促進は、「小学校学習指導要領解説　総則編」にも明記されていますからね。

ちょん　本来、私たちが生きる社会＝コミュニティは多様な存在で成り立っています。学級経営でもその多様性を生かすプログラムデザインが上手にできるファシリテーターをみんなで目指していきましょう。

【注】
＊1　石川晋『新版　学級通信を出しつづけるための10のコツと50のネタ』学事出版、2015年
＊2　本実践の参考文献として、岩瀬直樹（原案）、萩上由紀子（絵）、プロジェクトアドベンチャージャパン（監修）『きょうしつのつくりかた』旬報社、2015年、28-29頁
＊3　棒状の目印やぬいぐるみなどの小道具。発言者の目印となり、その人を尊重するコミュニケーションルールにもなる。
＊4　赤坂真二『赤坂版「クラス会議」完全マニュアル』ほんの森出版、2014年
＊5　向山洋一『最初の三日で学級を組織する』（明治図書出版、1999年）等を参照のこと。
＊6　Tuckman,B.W.（1965）"Developmental Sequence in Small Groups", Psychological Bulletin, Vol.63, No.6, pp.384-399.
＊7　本実践の参考文献として、伊垣尚人『子どもの力を引き出す自主学習ノートの作り方』ナツメ社、2012年
＊8　岩瀬直樹さんの考案。学校の日常のトピックを設定し、主に「終わりの会」で子どもたちが振り返りを書く。子どもたちによる成長の記録であり、先生と子ども1人ひとりをつなぐ学級活動に欠かせないチャンネルとして機能する。（岩瀬直樹・ちょんせいこ『振り返りジャーナルで子どもとつながる学級経営』ナツメ社、2017年）
＊9　自分の左手はお皿の形、相手の右手は人差し指を1の形にし、「キャッチ」と言われたら、お皿をぎゅっと閉じて、相手の人差し指を捕まえるゲーム。
＊10　クラス全員に日頃の感謝やうれしかったこと、いいなと思うことをハートに書いて送り合う活動。1週間くらいの期間で取り組む。
＊11　リーダーもしくは最初の王様（1人）対全員でするジャンケン。ルールにもよるが勝った人だけが再度リーダーとジャンケンし、最後まで勝ち続けた人が王様になる。

【参考文献】
岩瀬直樹・ちょんせいこ『信頼ベースのクラスをつくる　よくわかる学級ファシリテーション①かかわりスキル編』解放出版社、2011年
岩瀬直樹・ちょんせいこ『信頼ベースのクラスをつくる　よくわかる学級ファシリテーション②子どもホワイトボード・ミーティング編』解放出版社、2011年
岩瀬直樹・ちょんせいこ『信頼ベースのクラスをつくる　よくわかる学級ファシリテーション③授業編』解放出版社、2013年
伊垣尚人『子どもの力を引き出す自主学習ノートの作り方』ナツメ社、2012年

第3章

座談会

ファシリテーション技術を
学級経営に活かしていく
ということ

2022年12月某日。第2章の執筆者全員で座談会を開きました。学級経営×ファシリテーションの本音、現在地をお届けします。

ファシリテーションを学んで変化した学級経営観

甫仮　ファシリテーションを学ぶ前は、教師である自分が学級を動かしていくという感覚でした。「子どもの思いを大切にした学級を子どもと共につくっていきたい」と願いながらも、「子どもが自分の指示を聞いていると安心する」とか「自分の思い通りに学級を動かしたい」と思っている部分があったと思います。ファシリテーションを学んでからは、子どもが何を感じ、考えているのか、子どもの行動の背景により目を向けるようになり、子どもの思いを生かした学級経営にシフトチェンジしています。

藤井　わかります。以前は全部「担任である教師が引っ張って行かなきゃ」という感覚でした。今は「子どもたちと一緒につくる学級と授業」に変わり、ラクになりました。学級経営も「こうあるべき」ではなく、子どもたちの意見を聞きながら、変わっていくことを楽しめるようになった自分がいます。

池谷　確かにファシリテーションを学ぶ前は、自分が中心となって話していました。今は子どもたちに「問い」を投げかけて、どう感じているのかを深めて擦り合わせています。そのため、「問い」を使うことが多くなりました。また、ノイズのないインストラクションを心がけるようになりました。

久保田　ファシリテーション技術の中でも、大きく学級経営が変わった原動力はアセスメントだと思っています。学級はいろんなトラブルが日々起きます。以前は「誰かがあの友達を叩いた」とか「授業中に出歩いた」などの出来事1つひとつに表面的に対応していたように思います。とにかく謝るように説得したり、とにかく席につくように促したり……。

それでは根本的な解決に向かわない場面が多々ありました。でも、アセスメントを学んだことで、起こっている状況を俯瞰的・分析的に見るアプローチができるようになったと思います。その結果、先生である私が安定的に教室にいられるので、子どもも安定的になっている感覚があります。

前田　私もアセスメントを学んでから、教室の見え方が変わりました。先生がファシリテーターだと、子どもたちの活動時間が増えるので、アセスメントしやすくなります。また、子どもたちの意外な一面、それも強みをいっぱい見つけられるようになりました。「強みの貯金」がたくさんできるようになると、多少の失敗にも「大丈夫だよ」と寛容になれます。強みとゆとりができたことが、大きな変化ですね。

秋吉　以前、理想のクラスについて話していたときに、先輩に「教師が強引に理想のクラスをつくることはできるかもしれないけれど、子どもたちが選んで進むプロセスがないと意味がない」と言われたことが印象に残っています。そのプロセスを作っていくのがファシリテーターだと説明され、納得しました。それまでは私自身に「こういうクラスにしなくちゃ」という強い思い入れがあり、その目標に対して足りない部分をどう埋めていくのかという発想で、子どもたちに関わっていました。できていない差を見ていたんです。でも、その先輩の言葉から「クラスは少しずつステップアップしていくものだ。現時点を大切にして、プラスアップしていくためのスモールステップを多様にデザインし、そのデザインを場や子どもたちの様子に合わせて臨機応変に変えていくことがファシリテーションだ」と教えていただき、見え方が大きく変わりました。こうした発想の転換のための具体的な方法がファシリテーション。その6つの技術が言語化されていることが大事だと思います。

ファシリテーションの中心はアセスメント

池谷　皆さんの話を聞くと、アセスメントから始まるのかなと思いまし

た。アセスメントからインストラクションを選んだり、アセスメントによってプログラムデザインも変わる。アセスメントはすごく大事な技術だと改めて注目しました。

久保田 「アセスメントをしよう」というよりは、つねに自分の中でアセスメントし続けている感覚です。インストラクションしながら子どもの表情や動きをアセスメントしますし、フォーメーションもうまく機能しなければグループからペアに変更するなど、とにかくアセスメントの連続です。6つの技術でアセスメントは独立して存在するのではなく全部に織り交ぜられている感じがします。また、ファシリテーションを身につけると「上から目線」だった教師の立ち位置が「子どもたちと同じ場所」になると改めて、皆さんの話を聞いて感じます。アセスメントは子どもの力を信じていることにつながる技術です。

前田 6つの技術は順番とかではなく、複合的に絡まっていると思います。皆さんに質問なのですが、アセスメントをするとき、何を見ているのですか？　その部分を言語化できますか？

久保田 「ホワイトボード・ミーティング® アセスメントスケール」（34頁参照）はつねに自分の中にあります。1番は「生命、身体の危険回避」から始まりますが、順番に沿って瞬時にアセスメントする感じです。もちろん迷うときもありますし、難しいときもありますが、このスケールがあることで学級経営が安定しました。

前田 私も掲載されている書籍（前掲『ちょんせいこのホワイトボード・ミーティング』小学館）を必要に応じて読み合ったりしています。

藤井 やっぱり第一に考えるのは「その場が安心安全な場所か」です。自分が発したインストラクションもクエスチョンも子どもたちにとって安心して活動に取り組めるもの、フォーメーションの人数が多くて安心できないメンバー同士だったらまずはペアからにするなどですね。どれも自身のアセスメントに基づいています。

甫仮 外側に表れてくる行動から子どもの内面を見たいと思っています。例えば1年生でアサガオを育てたときに、アサガオの花を使って色水遊

びをみんなでやろうという話になりました。ところが、ある女の子が花を前にして止まってしまったんです。気になったので、その子に問いかけてみると、「花を切るのはすごく悲しい」と言ってくれたので、その話を学級全体で共有しました。行動の背景にある喜び、悲しみ、迷い、葛藤などの感情に寄り添うアセスメントを大切にしたいと思っています。

秋吉 僕も最初に見るのは表情、距離、声です。最初は見える姿からアセスメントし、仮説をもちながら感情のアセスメントをしていきます。その中で自分のアセスメントの正しさを確認し、見誤っているかもと思ったときには問いかけます。対話を通して、自分のアセスメントの誤差をなくしていこうとしています。「ホワイトボード・ミーティング®アセスメントスケール」も使いますが、その前に事前のアセスメントをし、どのように関わっていくのが良いのか、自分自身をアセスメントしています。

久保田 秋吉さんの「自分自身のアセスメント」(セルフアセスメント) はすごくわかります。ファシリテーションを学んでから自分の在り方が一番変わりました。イラッとする場面や「なぜ言った通りにやらないんだ」みたいな感情が湧き上がってきそうなときに、「最近、仕事が忙しくてちょっとイライラしてたんだなぁ」とか「これは子どものせいじゃないぞ」と自分にきちんと言い聞かせるように、自分をアセスメントしています。

秋吉 どの技術や具体的な手立てを選択するのかを決めるときにも、アセスメントがあります。「ここは問いかな」とか、途中まで説明したけれどうまく伝わってないから、「1回チャラにしてください」と伝えてやり直すのかなど。アセスメントにより、次のアプローチや活動が見えてきますね。

強みを見るということ

前田 アセスメントの中でも強みを見ることは、自分やみんなをエンパ

ワーしていく大切な要素だと思います。おもしろいことができる人がいるとか、こんな進め方や過ごし方ができるということを見つけて、次のインストラクションにつなげたり、プログラムを変えていったりします。強みが見つからないときは、次のクエスチョンにつなげたり……。強みが見えてくると、場づくりがどんどん進む感じがします。

甫仮 教師である自分にも強みと課題があるように、子ども1人ひとりや学級集団にも強みと課題があります。初めて1年生を担任したとき、子どもたちの姿から「これができた」という満足感や充実感が「その先に進もうとする原動力になる」ことを学びました。強みにフォーカスして個人や集団を見ることが大切だと思いますが、教員になったばかりの頃は、子どもの課題をすごく見ていたような気がします。「もっとこうなればいいのに」みたいな。

前田 強みは、上手く活動が進んでいるとか学級の雰囲気がいいときはいっぱい出てくると思うけど、逆にそうじゃないときこそ、まず強みに目を向けることが大事だと思います。強みを意識してみるという感じですね。

甫仮 もともと子どもたちは強みをもっていると思います。だからそれを見たいと思うし、より強みが発揮されるような場面はどこかと意識してプログラムを進めていく感覚です。

久保田 子どもたちと接する中で最近、特に「強みは、好きなことや得意なこと、普通にできていること、できていたこと」だと再確認しています。できたことを褒めるとか認めるだけじゃなくて1人ひとりの好きなこと、やりたいことなども意識するようになっています。できる子をどんどん褒めることが「強みを生かす」と捉えるのは、表面的だなと思います。好きなことをすごく大事にしたい。それが役に立っていなくてもです。

藤井 誰かに頼ったり、自分の弱さを見せたりできるのも強みだなって思います。「これ助けてちょうだい」とできない自分を表せる。そこを見取れるようになってきました。加えて、素直に「ごめんなさい」が言

えなかった子が言えるようになったのも強みだと気づくことができました。1年生の子どもたちが算数の引き算の学習で、ブロックを動かしながら、「ねえねえどうやるの」と隣の子に聞いていて、「前まで聞けなかったのに聞けるようになった」と見る視点も、自分の中についてきた強みだと考えるようになりました。教師にファシリテーション技術があると、子どもの変容がよく見えるようになります。

池谷 話を聞いていると、「人間性を認める」ことが「強みを認める」ことなのかなとしっくりきました。「できた・できない」とか「ほめる・ほめない」となると、評価評定みたいなイメージで上下関係のような感じがします。その子の持ち味や人間性を強みとして認めることだとすると、上下関係ではないと思いました。

秋吉 ファシリテーションが活かされている学級は、強みがよく見える学級です。いつも当たり前に思っていた子どもたちの行動にも「それって大切だよね」とその良さが表面化しやすい。ファシリテーションはみんなの思いを大切にし、みんなの強みが発揮できるプログラムデザインをするので、個性を発揮する子が増えてきて、お互いに認めていけるような手段になっていくと今の話を聞いて改めて振り返りました。

ファシリテーションがもたらす「子どもたちの変容」

久保田 5年生のクラスの様子です。揉めごとがあったときに「先生ちょっとホワイトボード借りるね」と子どもたちが集まって「じゃあ私が聞くから○○ちゃん書いて」「何があったの?」と1人ずつ互いの言い分を書き始めました。いつも授業で取り組んできたようにファシリテーター役の子が読み上げて、一番嫌だったことを聞き、そこと重なる部分に赤線を引いて、これからどうしてほしいかを尋ねて「自分がやっちゃったことは謝るからこれはもうしないでほしい」みたいなことを青で書いて、2人で「ごめんね」と双方納得して解決していました。確認すると、「大丈夫です。もう終わったので気にしないでください」みた

いな感じになっている。子どもたちの課題解決力が育ってきて、先生を頼らなくなる場面が増えるように思います。

池谷　2年生の担任時、子どもの喧嘩の仲裁にホワイトボードを使っていたら「平和会社」という会社（係）ができました。友達の話をよく聞いて、やっぱり「嫌だったことは何？」と赤で書いて、自分が良くなかったなと思うことも書いて、これからどうするかを青で書いて、子どもたちで喧嘩の仲裁ができました。また、別の学年では補聴器をつけている子が他の子と上手にコミュニケーションができなくて困って喧嘩になることがありました。これを僕がホワイトボードに出来事やそのときの気持ちを書いて整理することで落ち着いて過ごせるようになった経験があります。

甫仮　1年生の生活科の話です。ペアコミュニケーションをしている中で「学級で飼っているヤギが怖くて触るのが難しい」と話した子がいました。隣の席の子が私に教えに来てくれて、「みんなで○○さんがヤギを触るようになるにはどうしたらいいのか話し合いたい」と提案してくれました。子どもたちは、みんな自分事のように「餌をあげるときにそっと触ればいいんだよ」とか、「朝は動きが激しくないから、登校してすぐに触るといい」など、子どもたちが考えて意見を出し合いました。するとその友達の励ましを受けて、ヤギを触れるようになったんです。友達との関わりの中で、子どもが変化していく姿を見てすごいなと思いました。

前田　3年生の担任時、朝5分間のサークルになって話す会議を続けていました。感情的になると教室を出てしまう子が「宿題をやろうと思うんだけど、ゲームしちゃうんだよね。どうしたらいいかな」とみんなに相談する場面がありました。毎週、経過報告をしながら3週間くらい続けたのですが、その都度「でも、できないんだよね」「じゃあこれしてみようか」とみんなが和気あいあいとしながら話し合いを続けました。突拍子もないアイデアも出てきましたが、その中から本人が選んで試してみたりして続けていくうちに、感情的になって教室を出ていく回数が

自然と減っていきました。3学期には、その子自作のモンスターを描いたカードで遊ぶ会社活動をして、みんなでキャハキャハ笑いながら遊んでいました。そういう雰囲気に変わったのは、毎朝の5分間のサークル会議で友達のことをみんなで一緒に考えたからだと思います。

藤井 6年生の担任時、卒業直前の振り返りジャーナルに「自分の役割はグループのメンバーが変わってもみんなが楽しく関わり合えるようにすることです。みんなをまとめるリーダーになったり、必要じゃなければ話を聞いたり、相手に寄り添いたいです」と書いていました。4月当初は「みんな、私についてきて」という印象で、全体に指示を出す子でした。でも教室で毎日のように聞き合うとかグループで対等に話し合うことを続けてきたら、「今は自分が出る場面だな」とか「今はちょっと一歩引いて後ろから支えるのが役割だな」と自分を客観的に見て言語化できるようになっていました。その姿に「まさに子どもファシリテーターだな」と感じました。

先生から子どもたちへファシリテーションは転移するのか

秋吉 スキルだから転移すると思います。例えば、普段の会話で自然に「というと？」と子どもに問われる場面や「具体的なエピソードは」と言いながら話し始める姿を見ると「転移している」と感じます。また、子どもたちが運営するお楽しみ会企画で、目的を最初に共有する姿を見るとプログラムデザインがわかっているなぁと思いますし、子どもたち同士で様子を見取って話しているときは、アセスメントを使っているなぁとわかるので、転移すると思います。

甫仮 フレームなどを使うと、スキルはスムーズに転移していくと思いますが、そこから考え方を獲得していくのは時間がかかると感じます。他者を大切にするとか、他者との関わりをどうつくっていくのかとか。他者との関係の中で自分はどうあるべきか考えていくのがファシリテーションの本質的なところだと思います。考え方の部分は教師自身が自分

の見ているところを伝え、フィードバックする姿がモデルになると思います。

久保田　担任が子どもたちには力があると信じ続け、ずっとアプローチを続けていると、だんだんと指示待ちだった子どもたちが自分たちから「もっとこうしたい」と言えるようになります。席替えのときも「こんな方法をやってみたい」というように、子どもたちが話し合ってクラスを運営していけるようになります。

前田　学級がスタートするときから担任の先生が1つのファシリテーターモデルになります。自分のあり方や関わり方がそのまま伝わっていくと感じます。例えば、困っているときに指示的に説明するのではなく、話を聞いてみるようなアプローチをしていきます。

藤井　先生がよきモデルですよね。インストラクションの仕方もホワイトボードに書いた会議フレームのグラフィックも、高学年の子どもたちは、いいなって思えばすぐ真似します。

秋吉　そのあたり、僕はあまり感じないようになっています。技術に貫かれているファシリテーションの考えや思いの部分は、圧倒的な体験量を積み重ねていく経験が必要だと思うんです。現実問題として、学級の子ども全員に「ファシリテーターとしての考えや思いをもて」というのは無理に近いと思っていて、その子のペースでその子が今身に付けられるものを伝えていければいいと思っています。それが自然だと最近は思うようにしています。そうしないと子どもたちに指示的に伝えることになって、ファシリテーションではなくなってしまう。自分はまだそこの部分の技術がないけれど、あきらめているわけではないので、そこの技術をさらに向上させていきたいと思っています。

久保田　すごくわかります。全員できるように「させよう」とすると「ファシリテーターでなくなってしまう」と思うので、「グラデーションがあっていい」と私も最近は思います。グングン進んで先生を追い越して素晴らしいファシリテーターになる子もいれば、よくわからないけど、ニコニコ楽しいまま1年が終わっていく子もいて、いろんな人がいてい

い。担任もゆとりをもっていた方が子どもも苦しくないだろうと思います。

座談会を過ごしてみて

前田 「技術」だと納得できたのは最近のことで、闇雲にやり方を真似していた時期がありました。秋吉さんが子どもたちにも圧倒的な経験量と言っていたように、経験して開ける景色がそのとき、そのときであります。すぐあきらめずに、とにかくやってみるといいと思います。

久保田 ファシリテーションの技術を身につけると、学級経営が100％ラクになると思って飛びついて始めました。楽しくなる部分はたくさんありますが、やればやるほど「もっとこうしてみたい」とか壁にぶつかると思います。でも、まずはやってみることだと思います。私も日々、試行錯誤を続けていきます。

藤井 6つのファシリテーション技術を知り、自分の強みや課題などの自己理解が進みました。素直に子どもたちや同僚に頼ったり、一緒にファシリテーションを勉強する仲間に「どう進めているの？」と聞いたりできるようになりました。今も失敗は多々あります。「ごめん。先生、間違えちゃった。もう1回やるね」みたいなことも言えるようになりました。自分も成長の過程にいるので、日々繰り返しだと思います。

甫仮 ファシリテーションに出会ったきっかけは、学級がうまくいかなかったことでした。自分と子どもの思いが「すれ違っているんじゃないか」と非常に苦しい体験でした。ファシリテーションを活かした学級経営に出合って、自分も安心できた部分がありました。生き生きと子どもたちが活動する姿を見るととてもうれしいですし、子ども1人ひとりが幸せになってほしいと感じながら進めています。まだ悩んでいる部分はたくさんあります。日々そういう迷いとか悩みも心にもちながら目の前の子どもたちと向き合っていきたいと思っています。

秋吉 ある時期まで「誰よりいい先生になりたい」、「一番いいクラスを

つくるぞ」と意気込んでいました。その頃は子どもたちを使って自分の作品（学級）を作り上げるイメージで、子どもたちとの関わりにも濃淡がありました。僕の思惑は全部、子どもたちにバレていたように思います。ファシリテーション技術を大事にすると決めてからは、子どもたちが中心で、「幸せな子ども時代」を生きる環境づくりを考えるようになりました。自分の発想が変わると、子どもたちがニコニコ笑顔で過ごすことが多くなりました。子どもとの関わりの濃淡もなくなって「先生、誰とでも仲良いよね」「先生、みんなの良さをわかっているよね」というフィードバックをもらうことが増えました。今は、職員室も学級と同じようにみんなが力を発揮できる場所にしていきたいと思っています。職員室にファシリテーションの技術を持ち込めば職員室が元気になり、1人ひとりがより力を発揮できる場所になります。私たちの次の使命はそこだと思います。そのためにファシリテーション技術のスキルアップも必要ですし、つねにアップデートしながらやっていこうと思います。

池谷 こうやって話をすることが自分の振り返りになりました。秋吉さんが言っていた、「僕のクラスすごいでしょ」みたいなところから抜けていないところがあるし、学校にある一斉目標を「どうしても達成させなければならない」と考える自分もいます。マイナスを埋めるアプローチになりがちで、アセスメントが自分は足りないと気づく時間でした。基本を忘れている部分があったと思うので、今日ここで話せて良かったです。明日から自分はどのように立てばいいのかというニュートラルポジションを思い出せた気がしました。

おわりに
・・・・・・・・・・・・・

　学校教育に関わるファシリテーターとして活動を始めて25年以上の月日が流れました。学級崩壊をしたクラスや学年の立て直し、校内研究や授業づくり、ケース会議や学校マネジメントなど、学校のさまざまな場面に関わってきましたが、共通して大切だったのは「子どもたちが毎日を過ごすコミュニティとしての機能を高める学級経営」でした。

　その一環として、阿部隆幸さんとの共著『『学び合い』×ファシリテーションで主体的・対話的な子どもを育てる！』（学事出版、2017年）などでも、先生や子どもがファシリテーターになる有用性を伝えてきました。そして本書は学級経営に焦点をあて「ファシリテーションは技術だから練習をすれば上手になる。だから一緒に練習しよう」と呼びかけて、共に歩んできた仲間の中から小学校で活躍する6人の先生に執筆をお願いしました。これまでの歩みに心から敬意を表します。

　これからファシリテーションを学びたい人や実践の中で壁にぶつかった人に伝えるにはどうすれば良いのかを吟味し、本書では、ファシリテーションを学ぶ（取り入れる）前と後の6人の変化、変容についてエピソードを交えながら対比的に表現することで、日常の学級経営に沁みわたるファシリテーションを浮かび上がらせることにチャレンジしました。

　まだまだファシリテーションというと、「ペアやグループ活動の進め方」「ICTを活用した共同編集の采配」「ホワイトボードに意見を書いて共有する」「場にふさわしい問いを考える」などと捉えられがちですが、これらはその「断片」に過ぎません。本来、即興的、総合的に繰り出されるファシリテーションを6つの技術として、あえて分類して示すことで、読者の皆さんの練習に役立つことを願っています。

　「令和の日本型学校教育」の流れの中で、教員に求められる資質としてファシリテーションが明記され、その具現化が始まる令和5年度（2023年度）は、「学校教育におけるファシリテーション元年」と言えます。今後、都道府県、各市町村の教育委員会、学校単位で「ファシリテー

ション」と、併記された「アセスメント」に関する研修や研究が始まる
ことに大きな期待が寄せられます。本書ではアセスメントは6つの技術
の中心的な技術の1つとして位置づけていますが、「令和の日本型学校
教育」の流れの中で、アセスメントの重要性が理解され、ファシリテー
ションと併記されたことの重みを共有したいと思います。

　これまで先駆けてファシリテーションを学んできた先生の共通する悩
みは、「学年や職員室でファシリテーションへの理解をどうつくり出し
ていくか」でした。「学級経営にファシリテーションを取り入れたい」
と意欲的になっても、同僚や管理職の理解を得ることが難しい。そんな
悩みをもつ先生は少なくありませんでした。しかし、学校に変化が起
こっています。ある先生からは、「管理職との面談で来年度はファシリ
テーションについて学んでいきたいから協力をしてほしいと声をかけら
れました」という話が届きました。エポックメイキングなエピソードで
す。

　また、本書を読む中で感じていただけたと思うのですが、ファシリ
テーションは人権尊重スキルでもあります。「生徒指導提要」が12年ぶ
りに改訂され、「生徒指導と教育相談の一体化」の方向性が確認されま
した。また、「こども基本法」が4月1日に施行されています。今後、
ますます、先生や子どもたちがファシリテーターになり、持続可能な人
権尊重の学級経営が繰り広げられていくことを願ってやみません。皆さ
ん、どうぞよろしくお願いいたします。最後になりましたが、編集の加
藤愛さんには大変、お世話になりました。心からお礼申し上げます。

2023年5月　　ちょんせいこ

■編著者紹介

阿部隆幸（あべ・たかゆき）
1965年福島県生まれ。上越教育大学教職大学院教授。NPO 法人「授業づくりネットワーク」副理事長。主な著書に『学級経営 DX』『『学び合い』×ファシリテーションで主体的・対話的な子どもを育てる！』『学級経営が主役のカリキュラム・マネジメント』『成功する『学び合い』はここが違う！』（以上、学事出版）『全単元・全時間の流れが一目でわかる！365日の板書型指導案』『授業をアクティブにする！365日の工夫 小学1年』（以上、明治図書）などがある。

ちょんせいこ
株式会社ひとまち代表取締役。特定非営利活動法人日本ファシリテーション協会フェロー。2003年にホワイトボード・ミーティング®を開発し、ビジネス、教育、医療、福祉、行政、ボランティアなど多分野でファシリテーションの普及に取り組む。学校では、公開授業や校内研究、研修会を通して先生と子どもたちがファシリテーターになる学校づくりを推進。学校経営会議や学年・教科・校務分掌会議、ケース会議の充実を目指す。『対話で学びを深める 国語ファシリテーション』（フォーラム・A）ほか著書多数。

■著者紹介（執筆順）

前田考司（新潟県十日町市立千手小学校教諭／ホワイトボード・ミーティング®認定講師）
甫仮直樹（上越教育大学附属小学校教諭／ホワイトボード・ミーティング®認定講師）
池谷裕次（元埼玉県公立小学校教諭／ホワイトボード・ミーティング®認定講師）
久保田比路美（群馬県太田市立南小学校教諭／ホワイトボード・ミーティング®認定講師）
秋吉健司（東京都武蔵村山市立第十小学校主幹教諭／ホワイトボード・ミーティング®認定講師）
藤井雅美（宮城県仙台市立北中山小学校教諭／ホワイトボード・ミーティング®認定講師）

学級経営がうまくいくファシリテーション

2023年7月14日　初版第1刷発行

編著者──阿部隆幸・ちょんせいこ

発行者──安部英行

発行所──学事出版株式会社
　　　　　〒101-0051　東京都千代田区神田神保町1-2-5
　　　　　電話 03-3518-9655
　　　　　https://www.gakuji.co.jp

編集担当　加藤　愛
装丁　内炭篤詞　イラスト　いわいざこ　まゆ
印刷製本　精文堂印刷株式会社

ISBN978-4-7619-2937-4　C3037